Clemens Pudewill

Kreditderivate zur Risikosteuerung von Kreditportfolios und ihre Bedeutung im Kreditrisikomanagement

Diplomica Verlag GmbH

Pudewill, Clemens: Kreditderivate zur Risikosteuerung von Kreditportfolios und ihre Bedeutung im Kreditrisikomanagement, Hamburg, Diplomica Verlag GmbH 2013

Buch-ISBN: 978-3-8428-8677-3
PDF-eBook-ISBN: 978-3-8428-3677-8
Druck/Herstellung: Diplomica® Verlag GmbH, Hamburg, 2013

Bibliografische Information der Deutschen Nationalbibliothek:
Die Deutsche Nationalbibliothek verzeichnet diese Publikation in der Deutschen Nationalbibliografie; detaillierte bibliografische Daten sind im Internet über http://dnb.d-nb.de abrufbar.

Hermannstal 119k, 22119 Hamburg
http://www.diplomica-verlag.de, Hamburg 2013
Printed in Germany

Inhaltsverzeichnis

Abkürzungsverzeichnis

ABS	Asset Backed Securities
BaFin	Bundesanstalt für Finanzdienstleistungsaufsicht
BBA	British Bankers' Association
bps	Basispunkt (100 bps = 1 Prozent)
BIS	Bank for International Settlements
BIZ	Bank für Internationalen Zahlungsausgleich
CDO	Collateralized Debt Obligation
CDO^2	Collateralized Debt Obligations Squared
CDS	Credit Default Swap
CLN	Credit Linked Note
CSF	Credit Spread Forward
CSO	Credit Spread Option
EURIBOR	European Interbank Offered Rate
FIBOR	Frankfurt Interbank Offered Rate
FTD	First-to-Default
ISDA	International Swaps and Derivatives Association
LIBOR	London Interbank Offered Rate
MaRisk	Mindestanforderungen an das Risikomanagement
MBS	Mortgage Backed Security
OCC	Office of the Comptroller of the Currency
OTC	Over-the-Counter (außerbörslich)
SPV	Special Purpose Vehicle

STD	Second-to-Default
TRS	Total Return Swap
US	United States of America
USD	US-Dollar
VaR	Value at Risk

Abbildungsverzeichnis

Tabellenverzeichnis

1. Einleitung

„JP Morgan erschüttert die Wall Street“[1] titelte die Financial Times in ihrer Online-Ausgabe vom 11. Mai 2012 und rückte damit den Einsatz von Kreditderivaten erneut in den Blick der Öffentlichkeit. Doch was genau war passiert? Die Londoner Investmentsparte der Bank hatte im Handelsgeschäft mit Kreditderivaten über zwei Milliarden Dollar verloren. Die Ursache für die hohen Verluste lag in dem spekulativen Investment von komplexen Kreditausfallderivaten. Grundsätzlich widersprechen reine Spekulationsgeschäfte jedoch dem eigentlichen Gedanken, Kreditderivate zur Absicherung von Kreditportfolios einzusetzen.

Vor dem generellen Hintergrund einer zunehmenden Globalisierung mit einem verstärkten Wettbewerbsdruck und den sich verändernden wirtschaftspolitischen Rahmenbedingungen sind Banken heute einem permanenten Anpassungsprozess unterworfen. Insbesondere die Verluste im Kreditgeschäft, die durch die Turbulenzen auf den Finanzmärkten der letzten Jahre entstanden sind, verlangen von den Banken eine stetige Weiterentwicklung des Kreditrisikomanagements, um auch zukünftig erfolgreich am Markt bestehen zu können. Der Risikosteuerung von Kreditportfolios und dem Einsatz risikooptimierender Finanzprodukte kommt hierbei unter dem Risiko-Rendite-Aspekt eine grundlegende Bedeutung für das Kreditgeschäft zu.

In der Vergangenheit war die Risikosteuerung aufgrund der wenigen gegebenen Möglichkeiten, wie z.B. dem Kreditverkauf oder der Kreditversicherung durch eine reine Buy-and-Hold-Strategie geprägt. Dies änderte sich jedoch Mitte der neunziger Jahre mit der Entwicklung der Kreditderivate, wodurch es möglich wurde, Kreditrisiken von der zugrunde liegenden Kreditposition zu isolieren, handelbar zu machen und auf Dritte zu übertragen. Damit boten sich die Kreditderivate unter Beibehaltung der originären Kreditbeziehung sowohl zur Absicherung gegen Zahlungsausfälle als auch zur gezielten Übernahme von Risikopositionen im Rahmen eines aktiven Kreditrisikomanagements an.

[1] o.V. (2012), o.S.

Neben der Darstellung der verschiedenen Ausprägungen der Kreditderivate und deren Marktentwicklung wird in der vorliegenden Arbeit deren Potenzial als Risikotransferinstrument in den Mittelpunkt der Betrachtung gestellt. Aufgezeigt wird, inwiefern Kreditderivate zur Risikosteuerung von Kreditportfolios eingesetzt werden können und welche Bedeutung ihnen im Kreditrisikomanagement zukommt.

2. Grundlagen

2.1. Kredit und Kreditrisiko

Der Begriff Kredit ist äußerst vielschichtig und steht im Allgemeinen für die befristete Überlassung von Geld oder Waren, verbunden mit der vertraglichen Zusage, die vereinbarten Zahlungsversprechen in Form von Zins- und Tilgungsleistungen zu erfüllen.[2] Ein wesentliches Kriterium für die Kreditvergabe ist das Vertrauen des Kreditgebers (Gläubiger oder auch Kreditor)[3] in die Zahlungswilligkeit und Zahlungsfähigkeit des Kreditnehmers (Schuldner oder auch Debitor)[4]. Dieses Vertrauensverhältnis drückt sich auch in dem eigentlichen Begriff Kredit aus, dessen Ursprung im lateinischen Verb „credere“ liegt und mit „vertrauen, jemandem etwas anvertrauen“ übersetzt werden kann. Das Vertrauen in den Kreditnehmer, dass die aus dem Kreditvertrag resultierenden Verpflichtungen vereinbarungsgemäß erfüllt werden können und damit die positive Einschätzung des hiermit verbundenen Kreditrisikos ist somit ausschlaggebend für die Kreditvergabe.[5]

Das bei einem Kreditengagement bestehende Risiko ist neben Kosten und Ertrag zwangsläufig von elementarer Bedeutung im Bankengeschäft. Da sich in der Literatur keine einheitliche Definition des Kreditrisikobegriffs finden lässt, sollen die im Kreditgeschäft wesentlichen Risiken im Folgenden erläutert werden. Weit verbreitet ist eine ursachenbezogene Unterteilung dieser Risiken. Hierbei kann in das eigentliche Kreditrisiko (Verhalten des Kreditnehmers) und in das Marktrisiko, welches aufgrund der allgemeinen Marktentwicklungen einen Einfluss auf die Kreditwürdigkeit haben kann, unterteilt werden.[6] Das Kreditrisiko im engeren Sinne, welches synonym auch als „Adressenausfallrisiko“ bezeichnet wird, lässt sich im Hinblick auf die potentielle Verlustursache zum einen in das Ausfallrisiko und zum anderen in das Bonitätsänderungsrisiko unterteilen.[7]

---

[2] Vgl. Hörschgen (1992), S. 270.
[3] Vgl. Feldbausch (1991), S. 134.
[4] Vgl. Feldbausch (1991), S. 134.
[5] Vgl. Hölscher (2001), S. 1372.
[6] Vgl. Baxmann (2009), S. 5.
[7] Vgl. Martin et al. (2006), S. 2.

Der Begriff Bonitätsänderungsrisiko (Spread Widening Risk) beinhaltet die Gefahr einer möglichen Verschlechterung der Bonität des Kreditnehmers. Dies äußert sich im Abstieg in eine schlechtere Ratingklasse (Rating Downgrade), was wiederum die Wahrscheinlichkeit erhöht, dass der Kredit bzw. ein Teil dessen ausfällt und zu einem verminderten Barwert des eingegangenen Kreditengagements führt.[8] Jedoch bedeutet das Risiko einer Bonitätsverschlechterung nicht zwangsläufig, dass der Kredit auch ausfällt.

Das Ausfallrisiko (Default Risk) hingegen beschreibt die konkrete Gefahr, dass der Schuldner den vereinbarten Verpflichtungen gegenüber dem Kreditgeber, den Kredit zu tilgen, nur teilweise, verzögert oder überhaupt nicht nachkommt.[9] Hierbei ist es nebensächlich, ob der Kreditnehmer nicht in der Lage ist, seinen Verpflichtungen nachzukommen oder diese verweigert.

Die Kreditrisiken setzen sich folglich vor allem mit der Situation des Schuldners auseinander, wohingegen bei den Marktrisiken die Gefahr möglicher Verluste aufgrund von Marktpreisänderungen im Vordergrund steht. Hauptsächlich setzen sich die Marktrisiken aus den Liquiditätsrisiken, Zinsänderungsrisiken und Währungsrisiken zusammen.[10] Es ist offensichtlich, dass eine ungünstige Marktentwicklung für ein Unternehmen oder auch für eine gesamte Unternehmensbranche deren Geschäftstätigkeit negativ beeinflusst. Bezogen auf das Kreditgeschäft ist hierbei der Einfluss des Zinsänderungsrisikos von Bedeutung, da für die Unternehmensbewertung auch Marktzinsen herangezogen werden. Gestiegene Marktzinsen führen zu einem höheren Zinsaufwand und damit zu einem Vermögensverlust. Dies führt bei einer langfristigen Entwicklung in der Regel zu einer entsprechenden Herabstufung im Rating, die wiederum das Kreditrisikos beeinflusst.[11] Dieser Risikoaspekt, der als Folge des Bonitätsänderungsrisikos eines Emittenten die Gefahr eines bonitätsinduzierten Marktwertverlustes einer gehaltenen Position beinhaltet, wird als das spezifische Marktrisiko oder als das spezifische Kursrisiko bezeichnet.[12] Marktrisiko und Kreditrisiko stehen somit in einer wechselseitigen Beziehung.

---

[8] Vgl. Baxmann (2009), S. 8.
[9] Vgl. Martin et al. (2006), S. 2.
[10] Vgl. Rehnert (1999), S. 389-390.
[11] Vgl. Wolke (2008), S. 104.
[12] Vgl. Offermann (2001), S. 217.

Je nach Systematisierung existiert eine Vielzahl weiterer Risiken im Kreditgeschäft, wie beispielsweise Besicherungs-, Eindeckungs-, Geldwert- oder Länderrisiken, auf die jedoch nicht genauer eingegangen werden soll.[13] Vielmehr soll im Rahmen dieser Arbeit an der Klassifizierung des Kreditrisikos in Ausfallrisiko und Bonitätsrisiko festgehalten werden, da mit Hilfe von Kreditderivaten je nach Art, das Ausfallrisiko und/oder das Bonitätsänderungsrisiko handelbar und somit auf den Risikokäufer übertragbar ist.

Ein grundlegender Aspekt bei der Betrachtung des Kreditrisikos, sowohl bei klassischen Krediten als auch bei Unternehmensanleihen, ist die Verschlechterung der Bonität. Das erhöhte Risiko bedingt zwangsläufig eine dem Risiko angepasste höhere Verzinsung, die ein potentieller Kreditgeber einfordern würde. Dies bedeutet für Kreditgeber, die bereits Kreditengagements vor der Bonitätsverschlechterung im Portfolio halten, dass die entsprechenden Forderungen durch einen sinkenden Barwert gekennzeichnet sind, da die Bewertung dieser Positionen einen erhöhten Kalkulationszins erfordern. Dies reflektiert den Risikoaufschlag, den ein Kreditnehmer mit einer schlechten Bonität im Vergleich zu einem risikolosen Kreditengagement am Markt zahlen muss.[14] Die Höhe der anfallenden Zahlungen setzt sich demnach aus einer Risikoprämie und einer risikofreien Zinszahlung zusammen. Diese Risikoprämie wird als „Credit Spread" bezeichnet und stellt einen zusätzlichen Zinssatz pro Jahr dar, der von den Kreditnehmern bzw. Anlegern zur Abdeckung des eingegangenen Kreditrisikos verlangt wird.[15] Der Credit Spread wird allgemeint definiert „als Zinssatz zwischen einem (nahezu) risikolosen Referenzwert (oder Referenz-Basket oder Index wie der BBA LIBOR, BBA Euro-LIBOR, FIBOR bzw. EURIBOR) und dem riskanten Titel".[16] Das Risiko des hypothetischen Verlustes bei einer Bonitätsverschlechterung wird hierbei als „Credit Spread Risiko" bezeichnet, das sich bei gehandelten oder Mark-to-market bewerteten Positionen bzw. Portfolien unmittelbar in Barwertänderungen niederschlägt.[17]

---

[13] Vgl. Büschgen (1999), S. 241-249.
[14] Vgl. Kretschmer (1999), S. 361.
[15] Vgl. Hull (2011), S. 356.
[16] Oehler/Unser (2001), S. 382.
[17] Vgl. Kretschmer (1999), S. 362.

2.2. Kreditrisikotransferinstrumente

Durch die Teilnahme als Kreditgeber im Kreditgeschäft sind die Banken verschiedenen Kreditrisiken ausgesetzt. Daher ist das Interesse der Banken nur verständlich, die Kreditrisiken auf dem Finanzmarkt auf Dritte zu übertragen und sich dadurch abzusichern. Im Folgenden soll ein Überblick über die verschiedenen Instrumente zur Risikoübertragung gegeben werden, wobei auf die Kreditderivate und Hybride Produkte als innovative Risikotransferprodukte erst im nachfolgenden Kapitel eingegangen wird.

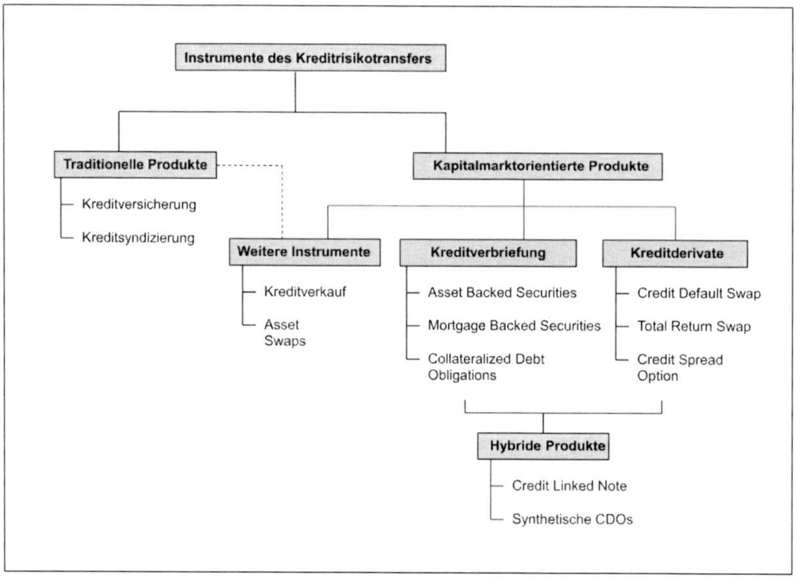

Abb.1: Überblick über die Instrumente des Kreditrisikotransfers[18]

Um Kreditrisiken auf Dritte zu übertragen, können sich Banken verschiedener Instrumente bedienen. Hierbei kann zwischen den traditionellen und den kapitalmarktorientierten Produkten unterschieden werden.[19]

[18] Darstellung in Anlehnung an Burghof/Henke (2005a), S. 106.
[19] Vgl. Burghof/Henke (2005a), S. 106.

2.2.1. Traditionelle Kreditrisikotransferinstrumente

Bei den traditionellen Produkten handelt es sich um Kreditversicherungen als auch um Kreditsyndizierungen. Des Weiteren können Kreditverkäufe und Asset Swaps, trotz ihrer Zugehörigkeit zu den kapitalmarktorientieren Produkten den traditionellen Produkten zugeordnet werden.

Bei einer Kreditversicherung gewährleistet der Versicherer, die aus dem Kredit entstehenden Risiken zu übernehmen.[20] Kommt es zu einem Ausfall des Kreditnehmers, ist der Kreditversicherer in der Pflicht, für die ausstehenden Zahlungen einzutreten. Die Kreditversicherungen beziehen sich hierbei im Wesentlichen auf Exportkreditversicherungen und Warenkreditversicherungen. Folglich sind Kreditversicherungen für Banken im Rahmen des Kreditrisikotransfers nur von geringem Nutzen.[21]

Der Grundgedanke der Kreditsyndizierung indes ist es, einen Kredit auf mehrere Banken aufzuteilen.[22] Dies bietet die Möglichkeit, vor allem Kredite mit hohen Kreditbeträgen im Rahmen eines Bankenkonsortiums zu vergeben, ohne die „Großkreditobergrenze"[23] der einzelnen Bank zu verletzen. Zudem können Klumpenrisiken aufgrund der verbesserten Risikostreuung vermieden werden.[24] Jedoch sind Kreditsyndizierungen zumeist mit relativ hohen Transaktionskosten verbunden.[25]

Der Kreditverkauf ist ein weiteres Transferinstrument zur Refinanzierung und Liquiditätsbeschaffung bei Banken. So können notleidende Kredite auch nach geraumer Zeit des Kreditabschlusses abgestoßen werden. Der Kredit und das damit verbundene Risiko können dabei teilweise oder vollständig auf dem Kapitalmarkt veräußert werden.[26] Abhängig von der Gestaltung des Kreditvertrages kann hierbei die Zustimmung des Kreditnehmers bei einem Kreditverkauf erforderlich sein.[27] Der Kreditverkauf hat somit

[20] Vgl. Feldbausch (1991), S. 140.
[21] Vgl. Burghof/Henke (2005a), S. 107 f.
[22] Vgl. Burghof/Henke (2005a), S. 109.
[23] Kreditwesengesetz (2011), S. 185 f.
[24] Vgl. Rudolph et al. (2012), S. 16.
[25] Vgl. Burghof/Henke (2005a), S. 119.
[26] Vgl. Rudolph et al. (2012), S. 21.
[27] Vgl. Burghof/Henke (2005a), S. 113.

einen direkten Einfluss auf das besondere Vertrauensverhältnis zwischen dem Kunden und der Bank.

Ein wichtiges Transferinstrument im Hinblick auf die Entwicklung der Kreditderivate stellen die Asset-Swaps dar. Prinzipiell setzt sich ein Asset Swap aus einer festverzinslichen Anleihe und einem Zins-Swap zusammen, wobei die Festzinszahlungen der Anleihe gegen eine variable Zinszahlung getauscht werden.

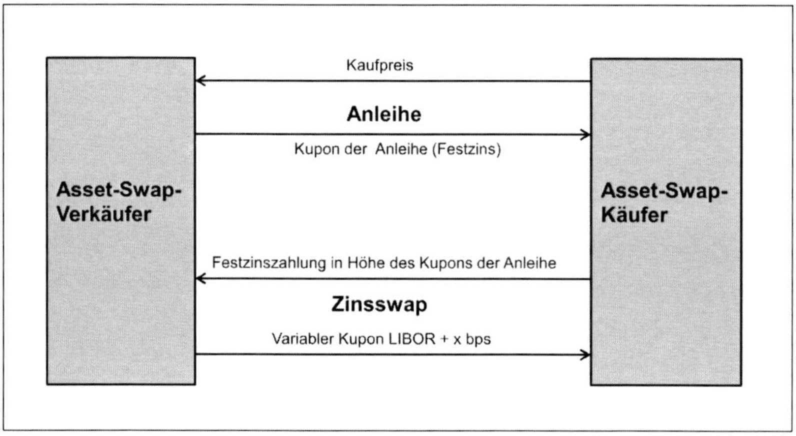

Abb. 2: Asset-Swap-Paket[28]

Im ersten Schritt emittiert der Asset-Swap-Verkäufer eine Festkuponanleihe und bietet diese dem Asset-Swap-Käufer gegen die Bezahlung des Kaufpreises an. Zudem ist der Swap-Verkäufer zur Zahlung der Kuponzahlung gegenüber dem Käufer der Anleihe verpflichtet.[29] Im zweiten Schritt kommt es zu einer Swap-Vereinbarung, bei welcher der Festzins in Höhe des Kupons der Anleihe gegen eine variable Zinszahlung getauscht wird.[30] Insofern übernimmt der Asset-Swap-Käufer das Zinsänderungsrisiko der festverzinslichen Anleihe.

[28] Darstellung in Anlehnung an Rudolph/Schäfer (2010), S. 174.
[29] Vgl. Rudolph/Schäfer (2010), S. 173 f.
[30] Vgl. Oehler/Unser (2001), S. 114.

2.2.2. Kapitalmarktorientierte Kreditrisikotransferinstrumente

Neben den traditionellen Produkten des Kreditrisikotransfers bilden die am Kapitalmarkt orientierten Kreditverbriefungen eine weitere Möglichkeit für die Finanzinstitute, Risiken zu transformieren. Darüber hinaus sind deren grundlegende Konzeptionen die Basis für die komplexen, hybriden Ausprägungsformen der Kreditderivate.

Zu der Kreditverbriefung (Securitization) können die Mortgage Backed Securities (MBS), Asset Backed Securities (ABS) und Collateralized Debt Obligations (CDOs) gezählt werden. Die verschiedenen Arten der Kreditverbriefung folgen dabei dem Prinzip, dass Forderungen in Wertpapierform verbrieft und dadurch handelbar werden. Bei den MBS werden ausschließlich Hypothekenforderungen verbrieft. Wohingegen die ABS verschiedene Vermögenswerte (Assets) wie z.B. Leasing-Forderungen, Kreditkartenforderungen oder Forderungen aus der Automobilfinanzierung verbriefen. Verbriefungen von Unternehmenskrediten (Collateralized Loan Obligations) oder spekulativen Unternehmensanleihen (Collateralized Bond Obligations) werden hingegen unter dem Begriff Collateralized Debt Obligations zusammengefasst.[31]

In der in Abb. 1 vorgenommenen Klassifizierung der Kreditverbriefung entsprechend der zugrundeliegenden Art der Finanzgüter tritt der Begriff Asset Backed Securities als Unterbegriff im engeren Sinne auf. Vielfach wird der Begriff Asset Backed Securities jedoch auch in der Literatur als Oberbegriff und damit synonym für die Kreditverbriefung verwendet.[32] In diesem Sinne beschreibt der Oberbegriff Asset Backed Security generell „ein Wertpapier, das sich aus den Cash Flows von Krediten, Anleihen, Kreditkartenforderungen, Hypotheken, Automobildarlehen, Flugzeugleasingverträgen und weiteren Finanzgütern zusammensetzt"[33].

Initiiert wird der Prozess der Kreditverbriefung der Finanzgüter (Assets) dadurch, dass zuerst die aus dem Kreditgeschäft entstandenen Forderungen einer Bank oder auch mehreren Banken (Originator) an eine speziell zu diesem Zweck gegründete Zweckge-

[31] Vgl. Rudolph et al. (2012), S. 41-51.
[32] Vgl. Rudolph et al. (2012), S. 44.
[33] Vgl. Hull (2011), S. 404.

sellschaft, auch Special Purpose Vehicle genannt (SPV), verkauft werden. Der Orginator bündelt hierbei das Portfolio von Zahlungsansprüchen aus den Assets für den regresslosen Verkauf (True Sale) an die Zweckgesellschaft. Die Zweckgesellschaft wiederum verbrieft die Forderungen in Wertpapierform und finanziert sich durch deren Emission am Kapitalmarkt.[34] Die Bedienung der Wertpapiere „erfolgt aus den Zahlungsströmen, die sich aus den Zins- und Tilgungszahlungen für die an die Zweckgesellschaft veräußerten Forderungen ergeben“[35].

Für die Weiterreichung der generierten Cash Flows an die Käufer der Wertpapiere gibt es grundsätzlich zwei Varianten. Bei dem Pass-Through-Verfahren werden die sich aus den Assets ergebenden Cash Flows unmittelbar weitergereicht und ähneln dadurch einem Fondskonzept. Im Gegensatz hierzu werden bei dem Pay-Through-Verfahren die Cash Flows nicht direkt durchgeleitet, sondern diese Zahlungsströme durch die Zweckgesellschaft hinsichtlich ihres Risikogehaltes gemanagt.[36] Der Vorteil des Pay-Through-Verfahren liegt somit in der Nutzung eines flexiblen Zahlungsmanagements und bildet die gängigste Variante der Asset Backed Securities. Hierzu werden durch die Zweckgesellschaft die Cash Flows aus den Assets in einzelnen Tranchen mit unterschiedlichem Risikogehalt zerlegt und an Investoren verkauft. In der in Abb. 3 dargestellten Grundstruktur einer ABS-Transaktion sind beispielhaft drei verschiedene Tranchen dargestellt. Die niedrigste Rendite besitzt die Senior-Tranche (AAA-Rating), gefolgt von der Mezzanine-Tranche (BBB-Rating) mit einer mittleren Rendite und der Equity-Tranche ohne Rating mit der höchsten Rendite aber auch dem höchsten Risiko. Die generierten Cash Flows aus den Vermögenswerten werden hierbei nach dem Wasserfallprinzip ausgezahlt, wobei zunächst die Senior-Tranche mit der zugewiesenen Rendite vollständig ausgezahlt wird, worauf nachfolgend die Rendite der Mezzanine-Tranche zur Auszahlung kommt. Sind noch weitere Mittel aus dem Cash Flow vorhanden, erfolgt eine Auszahlung an die Equity-Tranche.[37]

---

[34] Vgl. Rudolph et al. (2012), S. 48.
[35] Deutsche Bundesbank (1997), S. 58.
[36] Vgl. Rudolph et al. (2012), S. 52.
[37] Vgl. Hull (2011), S. 404 f.

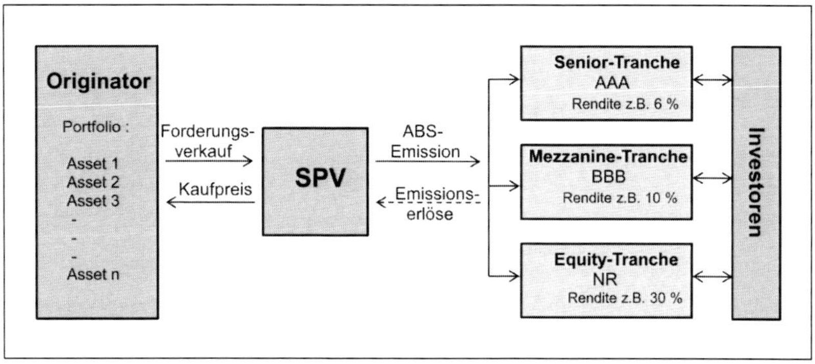

Abb. 3: Grundstruktur einer ABS-Transaktion[38]

Die Struktur der Asset Backed Securities ist in der Regel immer für mehrere Jahre angelegt. Am Ende werden die Nominalbeträge, deren Höhe von den Verlusten der zugrundegelegten Vermögenswerte abhängig ist, an die verschiedenen Tranchen ausgezahlt. Die Verluste werden hierbei entgegen dem Wasserfallprinzip zugeordnet, d.h. die Verluste werden zunächst auf die Equity-Tranche verteilt, wobei deren gesamtes Nominalkapital verloren gehen kann. Weitere mögliche Verluste können dann aufsteigend bis zur Senior-Tranche übertragen werden.[39]

Abschließend lässt sich feststellen, dass Kreditinstituten bereits vor der Entwicklung von Kreditderivaten und deren hybriden Ausprägungsformen die Möglichkeit gegeben war, Kreditrisiken zu übertragen. So konnten Kreditsyndizierungen, Kreditverkäufe oder auch Kreditverbriefungen genutzt werden, um das Kreditportfolio zu optimieren. Dennoch ist anzumerken, dass sowohl die traditionellen als auch kapitalmarktorientierten Kreditrisikotransferinstrumente es nicht erlaubten, die Kreditrisiken vom Kredit zu isolieren. Eine Ausnahme bilden hierbei die Asset-Swaps, wobei das Zinsänderungsrisiko der festverzinslichen Anleihe durch den Zins-Swap auf den Asset-Swap-Verkäufer übertragen und somit selektiv nur das Kreditrisiko eingegangen wird. Aufgrund dessen können die Asset-Swaps auch als Vorläufer der Kreditderivate angesehen werden.[40] Die grundsätzlichen Finanzprodukte zur Isolation des Risikos von der zugrunde liegenden

[38] Darstellung in Anlehnung an Struffert (2006), S. 12 u. Hull (2011), S. 405.
[39] Vgl. Hull (2011), S. 405.
[40] Vgl. Rudolph/Schäfer (2010), S. 173 f.

Kreditposition stellen jedoch die Kreditderivate dar, die im anschließenden Kapitel ausführlich dargestellt werden sollen.

3. Kreditderivate

In der Vergangenheit stellten der gelegentliche Verkauf von Krediten am Kapitalmarkt und die Streuung der einzelnen Kreditpositionen die wesentlichen Handlungsoptionen im Kreditrisikomanagement dar. Die hierauf aufbauenden Risikostrategien waren jedoch nicht effizient, da das Kreditrisiko nicht von der ursprünglichen Kreditposition getrennt werden konnte.[41] Dies wurde erst durch die Entwicklung der Kreditderivate möglich. Die Deutsche Bundesbank definiert Kreditderivate als „Finanzierungsinstrumente, die das Kreditrisiko von einem zugrunde liegenden Finanzierungsgeschäft separieren und anschließend dessen isolierte Übertragung an Investoren ermöglichen“[42]. Insofern nehmen die Kreditderivate neben den herkömmlichen Risikotransferinstrumenten eine bedeutende Rolle im Risikomanagement der Finanzinstitute ein.

3.1. Grundstruktur und Vertragselemente eines Kreditderivates

Wie bereits erwähnt, können Kreditrisiken durch den Einsatz von Kreditderivaten isoliert und übertragen werden. Dies geschieht, indem der Sicherungsnehmer (Protection Buyer, Risikoverkäufer) das Kreditrisiko an den Sicherungsgeber (Protection Seller, Risikokäufer) veräußert. Für die Übernahme des Kreditrisikos erhält der Sicherungsgeber ein Entgelt bzw. eine Prämie vom Sicherungsnehmer.[43] Bei den durch Kreditderivate abzusichernden Positionen kann es sich um einzelne Kredite, Kreditportfolios oder Teile von Portfolios (Baskets) und Indizes handeln, welche als Referenzaktivum bezeichnet werden. Es ist jedoch anzumerken, dass das Referenzaktivum nicht zwingend mit der abzusichernden Vermögensposition übereinstimmen muss.[44] Hier bietet sich die Unterscheidung zwischen Referenzaktivum und Risikoaktivum an. Das „Referenzaktivum dient als Maßstab für den Eintritt eines definierten Kreditereignis-

[41] Vgl. J.P. Morgan (1999), S. 7.
[42] Vgl. Deutsche Bundesbank (2012), o.S.
[43] Vgl. Rudolph et al. (2012), S. 70.
[44] Vgl. Böhm-Dries/Kruse (2008), S. 854.

ses“[45], welches zur Ausgleichszahlung seitens des Sicherungsgebers führt, wohingegen das Risikoaktivum die abzusichernde Kreditposition darstellt.[46]

So kann z.B. die Anleihe eines mit einem Rating versehenen börsennotierten Unternehmens als Referenzaktivum dienen, um das Kreditrisiko eines Kredites an ein mittelständisches Unternehmen abzusichern. Das dahinter stehende Prinzip ist, dass das aus der originären Kreditbeziehung entstehende Risiko durch das Kreditrisiko von einem mit einem Rating versehenen Referenzschuldner ersetzt wird. Eine stark positiv korrelierte Bonitätsentwicklung beider Schuldner ist dabei die Voraussetzung. Anwendung findet diese Methode vor allem dann, wenn es sich bei dem Kreditnehmer um ein kleines und mittelständisches Unternehmen ohne Rating handelt, bei dem das kreditgebende Institut nur wenige Informationen über das Unternehmen hat.[47] Wie in Abb.4 dargestellt, entsteht durch den Verkauf des Kreditrisikos zur originären Kreditbeziehung

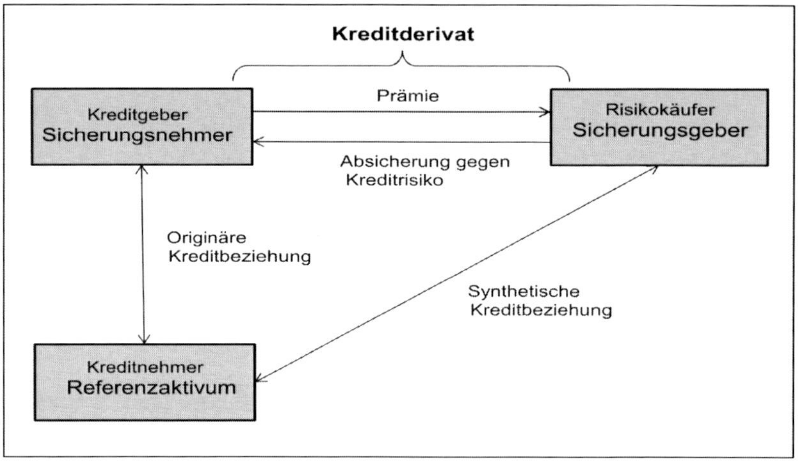

Abb. 4: Grundstruktur eines Kreditderivates[48]

zwischen dem Kreditgeber und Kreditnehmer zusätzlich eine synthetische Kreditbeziehung zwischen dem Risikokäufer und dem Kreditnehmer.

[45] Cremers/Walzner (2007), S. 9.
[46] Vgl. Cremers/Walzner (2007), S. 9.
[47] Vgl. Böhm-Dries/Kruse (2008), S. 854 f.
[48] Darstellung in Anlehnung an Rudolph/Schäfer (2010), S. 176.

Während der Kreditgeber als Sicherungsnehmer weiterhin durch die originäre Kreditbeziehung Eigentümer des vergebenen Kredites bleibt, tritt durch die indirekte, synthetische Kreditbeziehung der Sicherungsgeber als Risikokäufer in der Funktion eines Garanten auf, der die Verluste übernimmt, wenn der Kreditnehmer seinen Zahlungsverpflichtungen nicht mehr nachkommen kann.[49]

Kreditderivate sind individuelle Verträge zwischen dem Risikoverkäufer als Sicherungsnehmer und dem Risikokäufer als Sicherungsgeber. Als zugrundegelegtes Referenzaktivum kann hierbei eine einzelne Kreditposition, aber auch ein gesamtes Kreditportfolio oder ein auf eine Gruppe von Referenzschuldnern gebildeter Kreditindex gewählt werden. Zu den wichtigsten Vertragsbestandteilen der Kreditderivate gehören das Kreditereignis, die Ausgleichzahlung, die Prämie sowie die Laufzeit.

Dem Kreditereignis (Credit Event) kommt hierbei im Rahmen der Vertragsgestaltung eine besondere Rolle zu, da von diesem später abhängt, ob der Sicherungsgeber zur Leistung einer Ausgleichszahlung verpflichtet ist. Gemäß der International Swaps and Derivatives Association (ISDA 2003 Credit Derivatives Definitions, Article IV) werden sechs generelle Kategorien von Kreditereignissen unterschieden:[50]

- Bankruptcy: Unternehmensinsolvenz, ein Konkursverfahren wird gegen den Referenzschuldner eröffnet.
- Failure to Pay: Zahlungsversäumnis, fällige Zinszahlungen finden nicht statt.
- Obligation Default: Verbindlichkeitsverzug, wobei das Referenzaktivum vorzeitig fällig gestellt werden kann.
- Obligation Acceleration: Kreditereignis einer anderen Zahlungsverpflichtung des Referenzschuldners führt zur Fälligstellung des Referenzaktivums.
- Repudiation / Moratorium: Nichtanerkennung bzw. Zahlungseinstellung, Verweigerung der Zahlungsverpflichtungen seitens des Referenzschuldners.
- Restructuring: Schuldenrestrukturierung, Zahlungsverpflichtungen werden reduziert oder zeitlich verzögert, Neuverhandlung des Kreditvertrages.

---

[49] Vgl. Rudolph/Schäfer (2010), S. 176.
[50] Vgl. International Swaps and Derivatives Association (2003), S. 4 u. Landry/Radeke (1999), S. 567 ff.

Bei der vertraglichen Abgrenzung des Kreditereignisses können sich die Vertragsparteien zum einen an den ISDA-Definitionen orientieren, zum anderen können die Vertragspartner aber auch andere Geschehnisse individuell als auslösendes Kreditereignis definieren.

Mit Eintritt des Kreditereignisses ist der Sicherungsgeber seinem Vertragspartner gegenüber zur vertraglich festgelegten Ausgleichszahlung verpflichtet. Bei den Ausgleichzahlungen kann zwischen der physischen Lieferung (Physical Settlement) und dem Bargeldausgleich (Cash Settlement) unterschieden werden.[51] Bei einem Physical Settlement liefert der Sicherungsnehmer dem Sicherungsgeber das Risikoaktivum. Dieser kauft den ausfallbehafteten Kredit, wobei der Sicherungsnehmer eine Zahlung in Höhe des aktuellen Nominalwertes vom Sicherungsgeber erhält.[52] In diesem Fall gehen der Kredit und die damit verbundenen Forderungen auf den Sicherungsgeber über. Dies erlaubt „die Mitwirkung [des Sicherungsgebers] am Insolvenzverfahren, so dass er gegebenenfalls einen (...) Restwert erstreiten kann“ [53], der höher ist, als der kurz nach dem Kreditereignis ermittelte Restwert. Bei der zweiten Variante, dem Cash Settlement, erhält der Sicherungsnehmer einen Bargeldausgleich. Bei dem Bargeldausgleich wiederum handelt es sich um die Differenz zwischen dem ursprünglichen Nominalbetrag des Risikoaktivums und dem nach dem Kreditereignis eingetretenen Rest-Marktwert.[54] Mittels einer Umfrage bei verschiedenen Banken (Dealer Poll), kann der vorliegende Restwert der Referenzeinheit bestimmt werden.[55]

Für die Übernahme des Kreditrisikos erhält der Sicherungsgeber eine Prämie, die einmalig zum Vertragsabschluss oder in periodischen Abständen anfällt.[56] Die Prämie hängt von der Ausfallwahrscheinlichkeit und der Recovery Rate[57] ab und wird zumeist in Basispunkten pro Jahr auf den Nominalwert berechnet.[58]

---

[51] Vgl. International Swaps and Derivatives Association (2003), S. 5 ff.
[52] Vgl. Hüttemann (1999), S. 31 f.
[53] Neske (2005), S. 58 f.
[54] Vgl. Landry/Radeke (1999), S. 566.
[55] Vgl. Neske (2005), S. 58.
[56] Vgl. Rudolph/Schäfer (2010), S. 175.
[57] Die Recovery Rate ist „der Betrag, der bei Zahlungsausfall als Prozentsatz des ausstehenden Anspruchs wieder eingebracht werden kann“. Hull (2012), S. 992.
[58] Vgl. Weistroffer (2009), S. 4.

Die Laufzeit eines Kreditderivates kann seitens der Vertragsparteien frei vereinbart werden. So kann diese bspw. mit der Laufzeit der originären Kreditbeziehung übereinstimmen, jedoch auch von kürzerer Dauer sein.[59] Die Laufzeit des Kreditderivates endet prinzipiell zum vertraglich vereinbarten Zeitpunkt oder mit dem Eintritt des Krediterеignisses.[60]

Vertragsabschlüsse bei Kreditderivaten zeichnen sich des Weiteren dadurch aus, dass die Vertragsbedingungen individuell zwischen den Vertragsparteien ausgehandelt werden können, da Kreditderivate überwiegend außerbörslich als Over-the-counter-Produkte (OTC-Produkte) gehandelt werden.[61] Besonders hervorzuheben ist, dass die an den Börsen festgelegten rechtlichen Voraussetzungen nicht beachtet werden müssen, wodurch die einzelnen Interessen der beiden Vertragspartner besonders berücksichtigt werden können.[62]

3.2. Systematisierung der Kreditderivate

Die Systematisierung der Kreditderivate ist aufgrund ihrer verschiedenen Ausprägungen nicht einheitlich definiert. Einerseits kann eine Unterteilung in Kreditderivate im engeren Sinne und Kreditderivate im weiteren Sinne erfolgen. Als Kreditderivate i.e.S. werden Credit Default Swaps, Total Return Swaps und Credit Spread Options bezeichnet. Bei den Credit Default Linked Notes und den synthetischen CDOs handelt es sich um Kreditderivate i.w.S.[63] Andererseits können die Kreditderivate ebenso nach der Art des durch sie abgesicherten Kreditrisikos differenziert werden. In diesem Fall wird zwischen Produkten unterschieden, die das Ausfallrisiko (Default Risk) und solchen, die das Bonitätsänderungsrisiko (Spread Widening Risk) übertragen.[64] Besonders sinnvoll erscheint die Unterteilung nach Art des abzusichernden Kreditrisikos, da in diesem Fall der Schwerpunkt auf den jeweils abzusichernden Kreditrisiken liegt, welches der grundlegende Gedanke bei der Entwicklung der Kreditderivate war. Nachteilig

[59] Vgl. Rudolph et al. (2012), S. 70.
[60] Vgl. Cremers/Walzner (2007), S. 11.
[61] Vgl. Oehler/Unser (2001), S. 378.
[62] Vgl. Hull (2012), S. 26 ff.
[63] Vgl. Burghof/Henke (2005a), S. 106.
[64] Vgl. Hüttemann (1997), S. 29 f.

hierbei ist einzig allein die Einordnung der exotischen und hybriden Kreditderivate, da diese „Elemente beider Risikoarten enthalten“ [65] können.

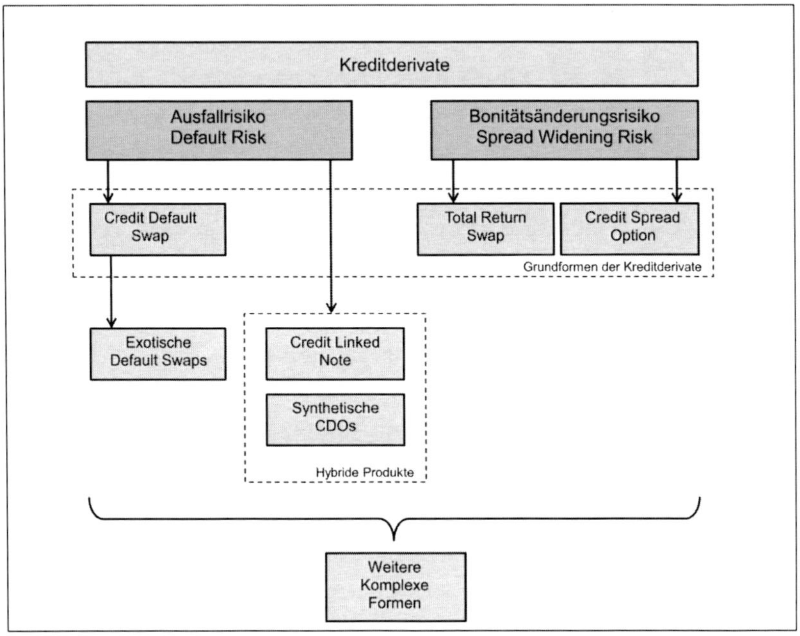

Abb. 5: Systematisierung der Kreditderivate[66]

3.3. Typologie der Kreditderivate

3.3.1. Grundformen der Kreditderivate

Unter den Grundformen der Kreditderivate werden die Kreditderivate im engeren Sinne zusammengefasst und als solche die Basisvarianten für die weiterentwickelten Produkte der Kreditderivate darstellen.

[65] Hüttemann (1997), S. 29.
[66] Darstellung in Anlehnung an Hüttemann (1997), S. 30 u. Cremers/Walzner (2007), S. 12.

3.3.1.1. Credit Default Swap

Der Credit Default Swap (CDS) ist aufgrund seines relativ einfachen Aufbaus das am häufigsten gehandelte Kreditderivat auf dem Finanzmarkt. Darüber hinaus bildet er die wesentliche Grundlage für die Entwicklung und Ausprägung komplexer Produkte in Verbindung mit Anleihen bzw. synthetischen Verbriefungen, wie z.B. den Credit Link Notes oder den synthetischen Collateralized Debt Obligations.[67] CDS lassen sich wie folgt definieren:

> „Credit Default Swaps are bilateral contracts in which one counterparty pays a fee periodically, […] in return for a contingent payment by the protection seller, following a credit event of a reference security"[68].

Demnach ist ein CDS ein Vertrag zwischen zwei Parteien, bei dem eine Vertragspartei (Sicherungsnehmer) eine periodische Prämie dafür zahlt, dass sie im Falle eines Default-Ereignisses des Referenzaktivums (Underlying) von der Gegenseite (Sicherungsgeber) eine Ausgleichszahlung erhält.

Bei Eintritt des vertraglich definierten Kreditereignisses (Credit Event) wird die Ausgleichszahlung in Höhe der im CDS-Vertrag vereinbarten Abwicklungsmethode fällig. Die Ausgleichszahlung kann, wie bereits in Kapitel 3.1 beschrieben, als physische Lieferung oder als Bargeldausgleich erfolgen.
Bleibt das vertraglich vereinbarte Kreditereignis jedoch während der Laufzeit des Vertrages aus, so geht das Ausfallrisiko nach Ablauf des CDS-Vertrages wieder auf den Sicherungsnehmer über.[69] In diesem Fall erhält der Sicherungsgeber die periodische Prämienzahlung, ohne eine Gegenleistung erbringen zu müssen.

---

[67] Vgl. Anson et al. (2004), S. 47.
[68] Vgl. Bluhm et al. (2002), S. 214.
[69] Vgl. Cremers/Walzner (2007), S. 19.

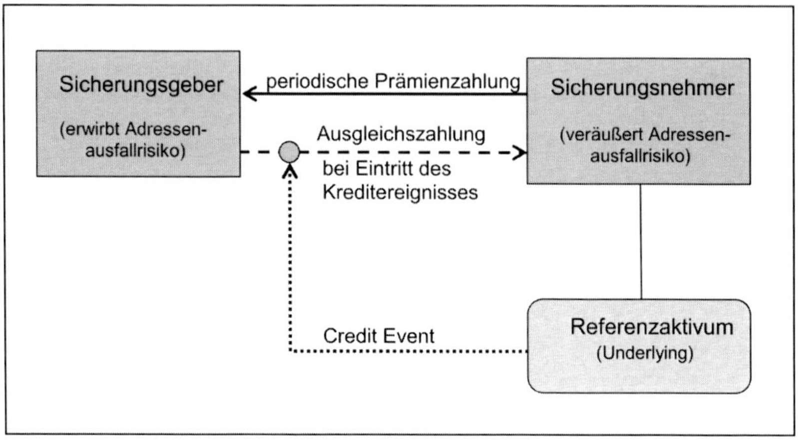

Abb. 6: Credit Default Swap[70]

Der CDS bietet prinzipiell eine einfache Möglichkeit für Banken, sich für eine periodische Prämienzahlung gegen das Ausfallrisiko (Default Risk) eines Referenzschuldners abzusichern, ohne dabei Forderungen verkaufen zu müssen. Der Einsatz eines CDS beinhaltet aber zugleich, wie auch bei weiteren Varianten der Kreditderivate, das Kreditrisiko der Gegenpartei, nämlich den Ausfall des Sicherungsgebers. Dieses Kontrahentenausfallrisiko verbleibt somit als grundsätzliches Risiko bei der Bank als Sicherungsnehmer.[71]

3.3.1.2. Total Return Swap

Während ein CDS grundsätzlich nur das Ausfallrisiko transferiert, sichert der Total Return Swap (TRS) zusätzlich auch das Bonitätsänderungsrisiko und das im Referenzaktivum enthaltene Marktrisiko ab. Der TRS weist „die typischen Merkmale eines Swaps im Sinne des periodischen Austausches von vordefinierten Zahlungsströmen“[72] auf. Hierbei tauscht der Sicherungsnehmer die gesamten wirtschaftlichen Erträge (Total Return) aus einem spezifischen Referenzaktivum gegen einen marktabhängigen Cash Flow.[73]

[70] Darstellung in Anlehnung an Hohl/Liebig (1999), S. 509 u. Neske (2005), S. 57.
[71] Vgl. Oehler/Unser (2001), S. 378.
[72] Neske (2005), S. 61.
[73] Vgl. J.P. Morgan (1999), S. 19.

Die Grundstruktur eines TRS lässt sich wie folgt beschreiben: Eine Vertragspartei, in diesem Fall der Sicherungsnehmer, möchte sich sowohl gegen das Kreditrisiko als auch gegen das Marktrisiko eines Referenzschuldners absichern. Dafür schließt der Sicherungsnehmer einen TRS-Vertrag mit einem Sicherungsgeber ab, wobei der Sicherungsnehmer (Total-Return-Zahler) alle Erträge des Referenzaktivums „periodisch oder am Ende der Laufzeit“[74] auf den Sicherungsgeber (Total-Return-Empfänger) überträgt. Hierunter fallen sowohl die positiven Zahlungsströme wie Zinszahlungen und Kursgewinne als auch mögliche Gebühren. Im Gegenzug dafür verpflichtet sich der Risikokäufer zur Zahlung einer vertraglich definierten Zinszahlung und zum Ausgleich der Marktwertminderungen[75] aufgrund von Kursverlusten des Referenztitels. Die Ausgleichszahlungen des TRS sind somit nicht an den Eintritt eines Kreditereignisses gebunden, sondern basieren auf der Bonitätsänderung des Referenzschuldners.[76]

Die vertraglich definierte Kompensationszahlung des Sicherungsgebers setzt sich zumeist aus einem variablen Referenzzinssatz (LIBOR bzw. EURIBOR) und einer Prämie aus einem positiven oder negativen Spread zusammen.[77] Dieser festgelegte Zinssatz, den der Sicherungsnehmer als Gegenleistung für den Transfer der gesamten wirtschaftlichen Erträge erhält, entspricht hierbei den synthetischen Refinanzierungskosten des Referenztitels.[78]

Kommt es vor dem Vertragsablauf zu einem Ausfall des Referenzschuldners (Wert des Referenzaktivums sinkt auf null), wird der TRS-Vertrag vorzeitig mit einer Abschlussausgleichszahlung in Form des Cash Settlements oder des Physical Settlements seitens des Sicherungsgebers beendet.[79]

[74] Rudolph et al. (2012), S. 76.
[75] Mittels einer Erhebung von Preisen bei mehreren Händlern des Referenzaktivums (Reference Dealers) können die Marktwertveränderungen auch illiquider Aktiva bestimmt werden. Vgl. Neske (2005), S. 61.
[76] Vgl. Neske (2005), S. 61 f.
[77] Anson et al. (2004), S. 100.
[78] Vgl. Rudolph/Schäfer (2010), S. 178.
[79] Vgl. Hüttemann (1997), S. 41.

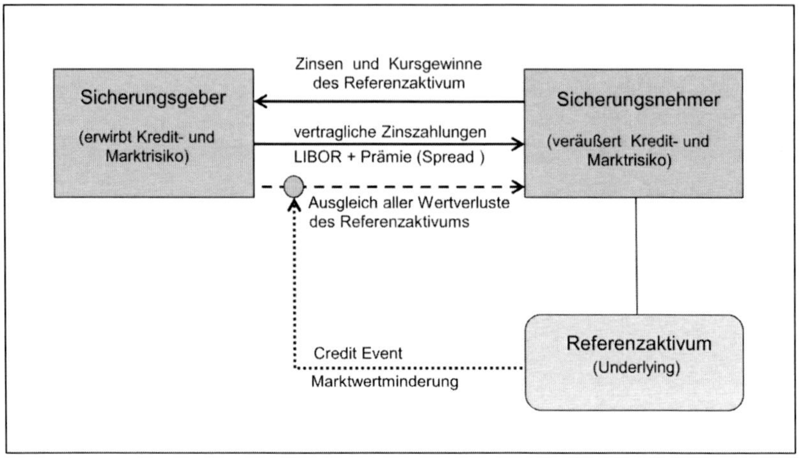

Abb. 7: Total Return Swap[80]

Grundsätzlich lässt sich festhalten, dass sich der TRS vor allem dann für den Sicherungsnehmer anbietet, wenn das gesamte ökonomische Risiko des zugrunde liegenden Referenzaktivums abgesichert werden soll, da nicht nur das Ausfallrisiko bei Eintritt eines Kreditereignisses abgesichert wird, sondern das gesamte Marktwertänderungsrisiko, welches "sowohl kredit- als auch zinsrisikoinduzierte Wertveränderungen umfasst."[81] Mit der Absicherung des Kredit- und Marktrisikos erhält der Sicherungsgeber den gesamten Cash Flow aus dem zugrunde liegenden Kredit oder der Anleihe, ohne diesen finanzieren zu müssen. Während der Vertragslaufzeit tätigt der Sicherungsgeber somit einen synthetischen Kauf des Referenzaktivums. Diese synthetische Kaufposition ist für Marktteilnehmer von Interesse, deren Refinanzierungskosten für den direkten Kauf des Referenzaktivums zu hoch sind oder die generell keinen Zugang zu dem entsprechenden Markt besitzen.[82]

[80] Darstellung in Anlehnung an Hohl/Liebig (1999), S. 508 u. Rudolph et al. (2012), S. 76.
[81] Böhm-Dries/Kruse (2008), S. 856.
[82] Vgl. Landry/Radeke (1999), S. 540.

3.3.1.3. Credit Spread Option

Die Credit Spread Option (CSO) transferiert das Bonitätsänderungsrisiko, d. h. mit einer CSO kann ein steigender Credit Spread eines Referenztitels abgesichert werden. Wie bereits in Kapitel 2.1 beschrieben, ist der Credit Spread definiert als die Zinsdifferenz zwischen einem risikolosen Referenzwert und dem risikobehafteten Referenzaktivum. Der Credit Spread bildet somit einen Risikoindikator für die Bonität bzw. die Kreditwürdigkeit eines Referenzschuldners.[83]

Möchte sich eine Vertragspartei einschließlich des Ausfallrisikos, vor allem gegen eine mögliche Verschlechterung der Bonität des Schuldners während der Vertragslaufzeit absichern, so bietet sich die CSO an.[84] Bei der häufigsten Form der CSO handelt es sich um die Credit Spread Put Option[85]. Hierbei erwirbt der Sicherungsnehmer in der Regel eine Verkaufsoption (Put) vom Optionsverkäufer (Sicherungsgeber) und entrichtet im Gegenzug dafür eine Optionsprämie. Sollte es zu einer Bonitätsverschlechterung des Referenzschuldners, also zur Ausweitung des Credit Spreads über einen Strike Spread (vorab definiertes Credit Spread Niveau) kommen, so hat der Sicherungsnehmer als Optionskäufer das Recht, jedoch nicht die Verpflichtung, das Referenzaktivum zu einem vorab festgelegten Preis (Strike Price) zu verkaufen.[86] In diesem Fall würde die Ausgleichszahlung in Form des Physical Settlement erfolgen. Jedoch ist auch der Erhalt einer Ausgleichszahlung seitens des Optionsverkäufers (Cash Settlement) denkbar.

Credit Spread Options können entweder zum Laufzeitende (Europäische Option), während der gesamten Vertragslaufzeit (Amerikanische Option) oder zu bestimmten Terminen ausgeübt werden (Bermuda-Option).[87] Ist ein Kreditereignis eingetreten und die Option wurde nicht ausgeübt, so verfällt sie und die Risiken gehen wieder auf den Sicherungsnehmer über.[88] Hierbei handelt es sich um die Knock-out-Variante der Option. Im Gegensatz dazu kann die CSO auch so gestaltet sein, dass sie das Krediter-

---

[83] Vgl. Oehler/Unser (2001), S. 382.
[84] Vgl. Rudolph et al. (2012), S. 77.
[85] Bei einer Credit Option kann es sich auch um eine Credit Spread Call Option handeln, mit denen Bonitätsverbesserungen abgesichert werden können. Diese Variante kommt jedoch selten vor und dient hauptsächlich der Spekulation. Vgl. Hüttemann (1999), S. 37.
[86] Vgl. Neske (2005), S. 64.
[87] Vgl. Hull (2012), S. 31 u. S. 715.
[88] Sollte die Option seitens des Optionskäufers nicht ausgeübt werden, verfällt sie nach Laufzeitende.

eignis überdauert und somit nicht nur die Bonitätsveränderungen absichert, sondern auch das Ausfallrisiko des Referenzschuldners (no Knock-out-Variante).[89]

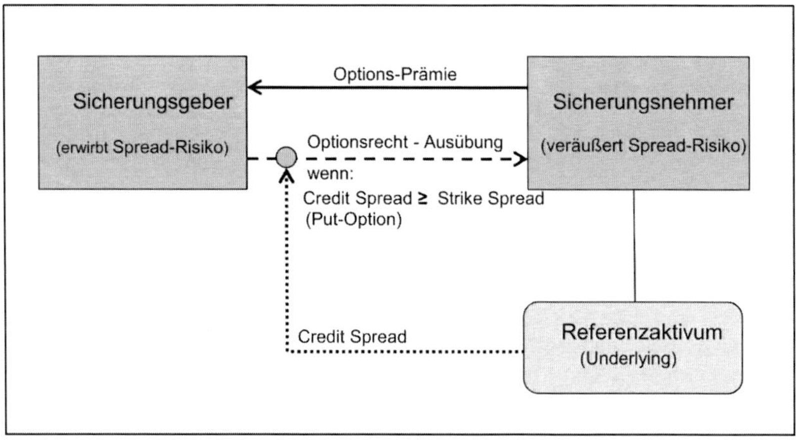

Abb. 8: Credit Spread Option[90]

3.3.2. Hybride Formen der Kreditderivate

Zu den hybriden bzw. strukturierten Produkten der Kreditderivate werden solche gezählt, die sowohl Merkmale von Kreditderivaten als auch Kreditverbriefungen aufweisen. Hierzu zählen sowohl die Credit Linked Notes, als auch die vielfältigen Ausprägungen von synthetischen Kreditverbriefungen, wie z.B. die synthetischen Collateralized Debt Obligations.

3.3.2.1. Credit Linked Note

Bei einer Credit Linked Note (CLN) wird ein Kreditderivat mit einer klassischen Anleihe verknüpft.[91] Hierbei sind verschiedene Ausprägungsvarianten möglich, wie zum Beispiel die Kombination der Anleihe mit einem TRS, die als Total Return Linked Note

[89] Vgl. Neske (2005), S. 65.
[90] Darstellung in Anlehnung an Hohl/Liebig (1999), S. 509 u. Rudolph et al. (2012), S. 77.
[91] Vgl. Rudolph et al. (2012), S. 78.

bezeichnet wird.[92] Als Standardform hat sich jedoch die Kombination mit einem integrierten Credit Default Swap etabliert.[93]

Die CLN zeichnet sich grundsätzlich dadurch aus, dass der Sicherungsnehmer direkt oder über eine Zweckgesellschaft eine Anleihe emittiert, wobei die Höhe der Rückzahlung vom Kreditereignis des Referenzaktivums abhängt. Der Sicherungsgeber (Investor als Risikokäufer) erwirbt die Anleihe zum Nominalpreis und erhält im Gegenzug „dafür regelmäßige Zahlungen, z. B. in Form eines Basiszinssatzes (z.B. EURIBOR) sowie einen Aufschlag für die Absicherung gegen den Ausfall der gesicherten Forderung“[94]. Sofern kein Kreditereignis eintritt, wird die Anleihe am Laufzeitende zum Nominalbetrag zurückgezahlt. Im Falle eines Kreditereignisses hingegen erhält der Sicherungsgeber lediglich den um die Ausgleichszahlung gekürzten Nominalbetrag.[95] Die Höhe der vertraglich definierten Ausgleichszahlung ist die Differenz zwischen dem Nominalwert und dem nach dem Kreditereignis eingetretenen Restwert (Cash Settlement). Ein Ausgleich in Form des Physical Settlements ist ebenso möglich.[96]

Eine CLN ermöglicht es dem Sicherungsnehmer sich gegen das Ausfallrisiko eines Referenzaktivums abzusichern, ohne das Kontrahentenausfallrisiko des Sicherungsgebers tragen zu müssen. Da der Sicherungsgeber bereits bei Vertragsabschluss den Nominalbetrag der Anleihe zahlt, entsteht dem Sicherungsnehmer bei einer CLN folglich kein zusätzliches Kontrahentenausfallrisiko.[97] Im Gegensatz dazu trägt der Sicherungsgeber einer CLN neben dem eigentlichen Ausfallrisiko des Referenzaktivums zusätzlich ein Kontrahentenausfallrisiko (Emittenrisiko), da der Emittent (Sicherungsnehmer) der CLN zahlungsunfähig werden kann. Trotz des doppelten Risikos liegt die Attraktivität der CLN für den Sicherungsgeber in der höheren Verzinsung, die sich aus den üblichen Anleihezinsen und der Prämie für die CDS zusammensetzt.[98] In Abb. 9 ist die Basisstruktur einer CLN ohne den Einsatz einer Zweckgesellschaft dargestellt.

---

[92] Vgl. Cremers/Walzner (2007), S. 24.
[93] Vgl. Nonnenmacher/Brasch (2001), S. 1391.
[94] Merz (2001), S. 125.
[95] Vgl. Rudolph et al. (2012), S. 79.
[96] Vgl. Anson et al. (2004), S. 121.
[97] Vgl. Landry/Radeke (1999), S. 539.
[98] Vgl. Rudolph et al. (2012), S. 79.

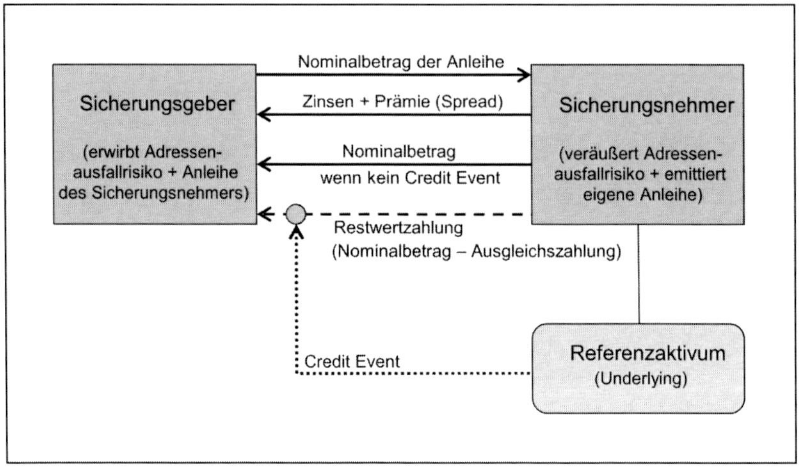

Abb. 9: Credit Linked Note[99]

Wird die Credit Linked Note über eine Zweckgesellschaft emittiert, wird das Ausfallrisiko des Referenzaktivums von dem des Sicherungsnehmers isoliert und über die Zweckgesellschaft auf den Sicherungsgeber übertragen. Die Grundlage bildet hierbei der Abschluss eines Credit Default Swaps zwischen dem Sicherungsnehmer und der Zweckgesellschaft. Die Zweckgesellschaft wiederum leitet die Ausfallrisiken an den Sicherungsgeber (Investor) weiter. Für die Übernahme des Ausfallrisikos erhält der Investor von der Zweckgesellschaft die vom Sicherungsnehmer entrichtete CDS-Prämie zuzüglich einer periodischen Verzinsung auf die von ihm erworbene CLN. Finanziert werden die Zinszahlungen aus dem Kauf von Staatsanleihen und anderen Wertpapieren höchster Bonität (Collateral Securities), die durch den Erlös der CLN gedeckt werden. Die von der Zweckgesellschaft erworbenen Wertpapiere garantieren somit sowohl etwaige Ausgleichszahlungen an den Sicherungsnehmer als auch die Rückzahlung der Anleihe zum Nennwert beim Ausbleiben des Kreditereignisses an den Investor.[100]

[99] Darstellung in Anlehnung an Hohl/Liebig (1999), S. 509 u. Rudolph et al. (2012), S. 79.
[100] Vgl. Rudolph et al. (2012), S. 80.

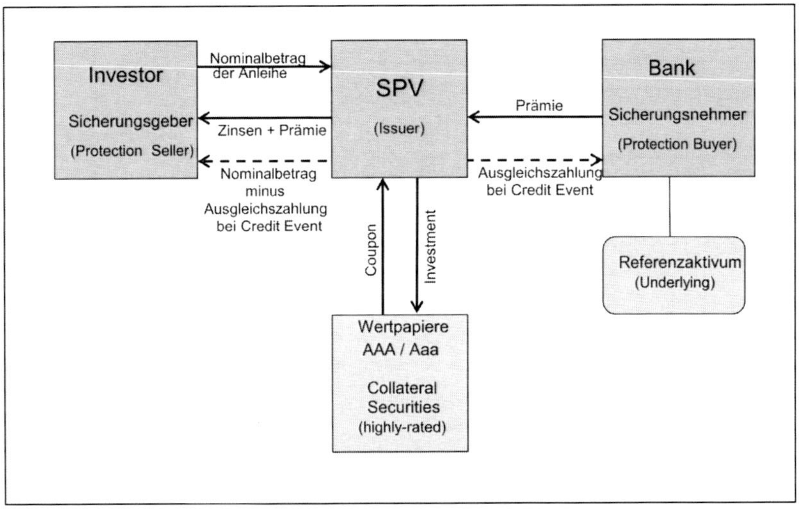

Abb. 10: Credit Linked Note emittiert durch SPV[101]

Abb. 10 zeigt den grundsätzlichen Aufbau und die unterschiedlichen Zahlungsströme der CLN bei Zwischenschaltung einer Zweckgesellschaft, auch Special Purpose Vehicle (SPV), genannt. Die Struktur der Credit Linked Notes ist insofern von wesentlicher Bedeutung, da sie den Ausgangpunkt für die Transformierung der Kreditderivate in innovative Investmentprodukte für den Kapitalmarkt bildeten und ebenfalls die Grundlage für die sich hieraus weiterentwickelten synthetischen Collateralized Debt Obligations darstellen.[102]

3.3.2.2. Synthetische Collateralized Debt Obligations

Wie bereits in Kapitel 2.2 beschrieben werden Kreditverbriefungen, wie Collateralized Debt Obligations (CDOs) genutzt, um Kreditrisiken zu transferieren. Der Grundgedanke hierbei ist, Kreditforderungen des Sicherungsnehmers (Originator) über eine Zweckgesellschaft in Tranchen mit unterschiedlichem Rating aufzuteilen und in Wertpapierform zu verbriefen. Damit verbunden ist jedoch der tatsächliche Verkauf der Forderungen (True Sale) an die Zweckgesellschaft, die wiederum diese Forderungen als Asset Back

[101] Darstellung in Anlehnung an Neske (2005), S. 55 u. Kothari (2009), S. 109.
[102] Vgl. Kothari (2009), S. 107 f.

Securities auf dem Kapitalmarkt emittiert. Mit der Eigentumsübertragung der Forderungen gehen nicht nur das Kreditrisiko, sondern auch die Zins- und Währungsrisiken auf den Risikokäufer über.[103]

Bei den synthetischen Collateralized Debt Obligations[104] hingegen ist es durch den Einsatz von Kreditderivaten möglich, das Kreditrisiko von dem zugrunde liegenden Referenztitel zu separieren und vom Originator als Sicherungsnehmer auf den Sicherungsgeber (Investor) zu übertragen. Mittels der Kreditderivate kann der Originator das Kreditrisiko eines Portfolios von Krediten oder Anleihen entweder direkt oder über eine Zweckgesellschaft an Investoren übertragen, wobei der Forderungspool weiterhin im Besitz des Originators verbleibt.[105] Besonders häufig werden für den Risikotransfer Credit Default Swaps und Credit Linked Notes genutzt. Jedoch kann der Transfer auch über andere Kreditderivate erfolgen.[106]

Die individuelle Ausgestaltung einer synthetischen CDO kann hierbei auf vielfältige Weise erfolgen, wobei mit Hilfe einer Zweckgesellschaft die synthetische Verbriefung „ohne Kapitalbildung teil- oder vollfinanziert ausgestaltet sein" kann.[107] In der Regel wird für die Risikoabsicherung das gesamte Referenzportfolio in mehrere Portfolio-CDS (CDS auf ein Portfolio von Referenzaktiva) zerlegt. Bei einer „fully funded" CDO werden alle Swaps über eine Zweckgesellschaft abgesichert, die wiederum als Credit Linked Notes in verschiedene Tranchen geschichtet (Senior Tranche, Mezzanine Tranche, Equity Tranche) auf dem Kapitalmarkt platziert werden. Das jeweils anteilige Kreditrisiko des Referenzportfolios wird somit auf die einzelnen Investoren übertragen. Die Erlöse aus den CLNs investiert die Zweckgesellschaft wiederum in Wertpapiere erster Bonität (High Grade Collateral). Für die Übernahme des Risikos erhalten die CLN-Investoren von der Zweckgesellschaft laufende Zinszahlungen, die aus der CDS-Prämie und den Zinserträgen aus den risikofreien Wertpapieren erster Bonität generiert werden. Kommt es zu einem Kreditereignis, veräußert die Zweckgesellschaft Teile ihrer

---

[103] Vgl. Rudolph et al. (2012), S. 92.
[104] Eine synthetische CDO wird als solche bezeichnet, wenn der Kreditrisikotransfer synthetisch durch Kreditderivate erfolgt. Vgl. Anson et al. (2004), S. 145.
[105] Vgl. Markus (2005), S. 53.
[106] Vgl. Anson et al. (2004), S. 140 f.
[107] Rudolph et al. (2009), S. 93.

High Grade Collaterals um die Ausgleichszahlung für den Originator zu finanzieren.[108] Im Gegensatz zu der „fully funded“ Struktur werden bei einer „unfunded“ Struktur Portfolio-CDS mit mehreren Investoren abgeschlossen, wobei die einzelnen Investoren als Sicherungsgeber das Kreditrisiko der gestaffelten Tranchen direkt übernehmen.

Die gebräuchlichste Variante ist die in Abb. 11 dargestellte "partially funded" Struktur, bei der ein Investor, den als Super Senior Swap bezeichneten Portfolio-CDS direkt übernimmt und die weiteren Portfolio-CDS über eine Zweckgesellschaft abgesichert werden, die wiederum als Credit Linked Notes in verschiedene Tranchen auf dem Kapitalmarkt platziert werden.[109]

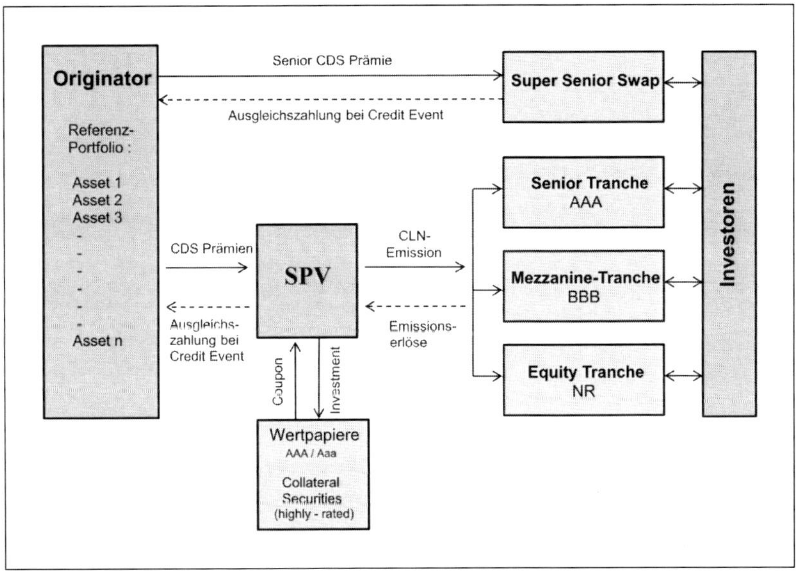

Abb. 11: Struktur einer synthetischen Collateralized Debt Obligation[110]

Der Super Senior Swap zeichnet sich (selbst gegenüber dem AAA-Rating der Senior Tranche) durch die höchste Bonität aus und weist deshalb das statistisch geringste Verlustrisiko aus. Mit dem Super Senior Swap werden im Allgemeinen Ausfälle bis zu

[108] Vgl. Schlösser (2011), S. 32 f.
[109] Vgl. Anson et al. (2004), S. 143 f.
[110] Darstellung in Anlehnung an Markus (2005), S. 54 u. Rudolph et al. (2012), S. 93.

90% des Referenzportfolios über einen institutionellen Investor direkt abgesichert. Die verbleibenden 10% des Forderungsvolumens werden dann über die Zweckgesellschaft abgesichert. Der wesentliche Grund für diese Aufspaltung ist, dass die vom Originator zu zahlende Prämie für den Super Senior Swap geringer ist als die Prämie der über die SPV emittierten CLN mit AAA-Rating.[111]

Die generierten Cash Flows aus der synth. CDO werden wie bei der True-Sale Verbriefung nach dem Wasserfallprinzip (s. Kapitel 2.2) ausgezahlt, wobei hier zunächst der Super Senior Swap mit der zugewiesenen Rendite vollständig ausgezahlt wird, worauf die Rendite der jeweils nachfolgenden Tranche zur Auszahlung kommt.[112]

Die Struktur einer synth. CDO ist in der Regel immer für mehrere Jahre angelegt. Am Ende der Laufzeit werden die Nominalbeträge, deren Höhe von den Verlusten des Referenzportfolios abhängig ist, an die verschiedenen Tranchen ausgezahlt. Die Verluste jedoch werden entgegen dem Wasserfallprinzip zugeordnet, d.h. die Verluste werden zunächst auf die Equity-Tranche verteilt und dann aufsteigend bis zur Senior-Tranche bzw. dem Super Senior Swap übertragen.[113]

Folglich stellt die Zerlegung der Forderungen in die verschiedenen Tranchen mit unterschiedlichem Risikogehalt und Renditemöglichkeiten ein zentrales Gestaltungsmerkmal der synthetischen Collateralized Debt Obligations dar. Der wesentliche Unterschied zu einer True-Sale-Verbriefung ist hierbei, dass bei einer synthetischen Verbriefung durch den Einsatz von Kreditderivaten kein Forderungsverkauf durchgeführt wird und das Referenzportfolio im Besitz des Originators verbleibt.

---

[111] Vgl. Anson et al. (2004), S. 143 f.
[112] Vgl. Hull (2011), S. 404.
[113] Vgl. Hull (2011), S. 405.

3.3.3. Exotische Formen der Kreditderivate

Neben den hybriden Formen sind weitere innovative Ausprägungsformen der Kreditderivate entstanden. Letztendlich beruhen sie dennoch auf einer Abwandlung der beschriebenen Grundformen. Der Begriff „Exotische Formen“ ist jedoch nicht eindeutig definiert. In der Regel werden hiermit neue komplexe Vertragsgestaltungen bezeichnet oder Sonderformen mit geringem Marktanteil. Des Weiteren können bisher als exotisch bezeichnete Formen aufgrund ihres heutigen Marktanteils auch zu den etablierten Formen gerechnet werden.

3.3.3.1. Auf Credit Default Swaps basierende Varianten

Neben dem traditionellen Credit Default Swap gibt es eine Vielzahl verschiedener Weiterentwicklungen, die auf dessen Grundstruktur basieren. Bei den am weitest verbreiteten Varianten handelt es sich unter anderem um den Basket (Credit) Default Swap, den Digital Credit Default Swap und den Equity Default Swap, welche im Folgenden beschrieben werden.

Der Basket Default Swap zeichnet sich dadurch aus, dass ihm im Gegensatz zu der Grundform des Credit Default Swaps ein Korb (Basket) mit mehreren Referenztiteln zugrunde liegt. Mit einem Basket Default Swap kann sich der Sicherungsnehmer z.B. gegen den ersten Ausfall eines Referenztitels in seinem Portfolio absichern. Hierbei handelt es sich um einen sogenannten First-to-Default (FTD) Basket. In dieser Variante ist der Sicherungsgeber nur verpflichtet, für den zeitlich ersten Kreditausfall eine Ausgleichszahlung zu leisten, wohingegen er bei einem Second-to-Default (STD) Basket zur Ausgleichszahlung verpflichtet ist, wenn der zweite Referenztitel ausfällt.[114] Diesem Prinzip folgend, kommt es bei einem n^{th}-to-Default Basket nur nach dem n-ten Ausfall eines Referenztitels im Portfolio zur Ausgleichszahlung.[115] Im Gegensatz zum Basket Default Swap werden Portfolio-CDS hauptsächlich eingesetzt, wenn eine größere Anzahl von Referenzaktiva (X) abgesichert werden soll ($X > 10$).[116]

---

[114] Vgl. O´Kane et al. (2003), S. 8.
[115] Vgl. Hull (2012), S. 692.
[116] Vgl. Rudolph et al. (2012), S. 81.

Der Digital Default Swap unterscheidet sich von dem klassischen Credit Default Swap nur dadurch, dass die Höhe der Ausgleichszahlung, die bei Eintritt des Kreditereignisses seitens des Sicherungsgebers fällig wird, bereits bei Vertragsabschluss festgelegt wird (Binary Settlement). Diese Variante hat den Vorteil, dass der Restwert im Falle eines Kreditereignisses nicht ermittelt werden muss. Da die Höhe der Ausgleichszahlung beim Digital Default Swap jedoch nicht wie üblich vom Restwert des Referenzaktivums abhängig ist, besteht die Gefahr für den Sicherungsnehmer, dass er nur eine partielle Absicherung besitzt und nicht der gesamte Verlust des Referenztitels ausgeglichen wird.[117]

Mit einem Equity Default Swap besteht die Möglichkeit, sich gegen sinkende Aktienkurse des Referenzunternehmens abzusichern. Hierbei kommt es zu einer Ausgleichzahlung, wenn der Aktienkurs eines Referenztitels unter ein vorab festgelegtes Kursniveau fällt. In der Regel liegt der auslösende Wert bei 30% des Aktienkurses, da bei einem Kursabsturz von 70% mit einer Insolvenz des Referenzschuldners zu rechnen ist.[118]

3.3.3.2. Weitere Varianten

In dem folgenden Kapitel werden weitere ausgewählte Varianten beschrieben, um die vielfältigen Möglichkeiten in der Ausgestaltung von Kreditderivaten aufzuzeigen. Eine komplexe Variante der hybriden Kreditderivate bilden die Collateralized Debt Obligations Squared (CDO^2). Das Grundprinzip hierbei ist, dass die CDO^2-Struktur (Outer CDO) im Gegensatz zur ursprünglichen CDO, nicht durch einzelne Vermögenswerte, wie Kreditforderungen oder Anleihen abgesichert wird, sondern durch mehrere CDO-Tranchen, welche in ihrer Gesamtheit die innere CDO^2-Struktur bilden.[119] Neben den einzelnen CDO-Tranchen beinhaltet die innere CDO-Struktur zumeist noch einen Block einfach strukturierter Asset Backed Securities.[120] Die CDO^2 weist somit eine doppelte

---

[117] Vgl. Neske (2005), S. 60.
[118] Vgl. Pawley (2004), S. 39.
[119] Bei den Inner CDOs handelt es sich um Sub-Tranchen synthetischer CDOs.
Vgl. O´Kane et al. (2003), S. 21.
[120] Vgl. Meissner (2005), S. 50 f.

Verbriefungsstruktur auf, wobei das Referenzaktivum der einzelnen CDO-Tranchen aus True-Sale-Verbriefung oder synthetischer Verbriefung bestehen kann.[121]

Eine weitere Gestaltungsvariante ist der Credit Spread Forward (CSF). Bei einer Forward-Struktur handelt es sich generell um ein Termingeschäft, bei dem sich zwei Vertragsparteien verpflichten, einen Vermögenswert zu einem in der Zukunft liegenden Zeitpunkt, zu einem bei Vertragsabschluss festgelegten Preis zu handeln.[122] Somit ist eine Partei zum Verkauf verpflichtet und eine zum Kauf des Vermögenstitels. Der Credit Spread Forward ähnelt im Aufbau der bereits in Kapitel 3.3.1.3 vorgestellten Credit Spread Option, bei der das Bonitätsänderungsrisiko des Referenzaktivums abgesichert wird. Hierbei kam es zur Ausgleichszahlung, sofern der Credit Spread des Referenztitels über einen vorab vereinbarten Strike Spread stieg. Der Unterschied zur Credit Spread Option ist jedoch, dass der Forward ein unbedingtes Termingeschäft darstellt und somit verpflichtend ist.

In Bezug auf das Ausfallrisiko des Kontrahenten beim Risikotransfer ist die Contingent Credit Option von Bedeutung. Die Contingent Credit Options „sind zweifach derivative Instrumente“[123], d.h. sie zeichnen sich dadurch aus, dass ein Kreditereignis den Eintritt in eine andere Option bei einem weiteren Vertragspartner auslöst. Im Falle eines Swaps beispielsweise führt der Ausfall des Swap-Partners dazu, dass eine dritte Partei in das Swapgeschäft eintritt und eine Ausgleichszahlung tätigt bzw. den positiven Marktwert des Swaps auszahlt. Die Contingent Credit Option bietet somit die Möglichkeit, dass sich der Sicherungsnehmer bei einem dritten Vertragspartner gegen das Ausfallrisiko des Sicherungsgebers absichern kann.[124]

[121] Vgl. Rudolph et al. (2012), S. 101.
[122] Vgl. Meissner (2005), S. 35.
[123] Vgl. Rudolph et al. (2012), S. 88.
[124] Vgl. Posthaus (2005), S. 82.

3.4. Der Markt der Kreditderivate

3.4.1. Entstehungsgeschichte

Der Ursprung des Marktes für Kreditderivate liegt in den neunziger Jahren. Im Jahr 1991 entwickelte Bankers Trust, eine in New York sitzende Vermögensverwaltungsgesellschaft, den ersten in eine Anleihe-Struktur integrierten Credit Default Swap. Auch der ersten Total Return Swap wurde 1991 von Bankers Trust entwickelt. Ab 1993 kam es zu einem stetigen Wachstum des Marktes für Kreditderivate, beginnend in den USA, anschließend aber auch in Europa und Asien.[125]

Vor allem der durch die Deregulierung und Globalisierung entstandene Wettbewerbsdruck im Bankengeschäft[126], aber auch das steigende Interesse an höheren Eigenkapitalrenditen, verlangten eine bessere Performance im Kreditgeschäft. Dies wiederum führte dazu, dass sich die Banken immer stärker am Markt der Kreditderivate engagierten.[127] Bereits die Finanzkrise in Asien 1997 und die damit verbundenen Unternehmens- und Kreditausfälle lenkten das zunehmenden Interesse auf die neuen Finanzprodukte zur Absicherung der Risiken in den Kreditportfolios, da deutlich wurde, welche Auswirkungen ein unzureichendes Kreditrisikomanagement haben kann. Dennoch wurden Kreditderivate anfangs als kuriose und exotische Instrumente angesehen. Dies sollte sich jedoch mit der Russland-Krise 1998 ändern, in der Kreditderivate als Kreditrisikotransferinstrumente vermehrt zum Einsatz kamen: „But it was in the period following the Russian default in August 1998 that the credit derivatives market seemed to come of age“[128]. Hierbei wurde auch deutlich, welches Potential gerade Kreditderivate bieten, Ausfall- oder auch Bonitätsänderungsrisiken zu übertragen und dadurch absichern zu können.[129]

Die Veröffentlichung des Rahmenvertrages der International Swaps and Derivatives Association (ISDA) 1999 und die damit verbundene Standardisierung der Kreditderi-

---

[125] Vgl. Burghof/Henke (2005b), S. 40.
[126] Vgl. Hüttemann (1997), S. 26.
[127] Vgl. Burghof/Henke (2005b), S. 41.
[128] Bowler/Tierney (1999), S. 3.
[129] Vgl. Bowler/Tierney (1999), S. 3.

vate (CDS) stellten einen weiteren Meilenstein in der Entwicklung des Kreditderivate-Marktes dar.[130]

Die Entstehungsgründe und der wachsende Markt der Kreditderivate lassen sich folglich auf ein generell verändertes Risikobewusstsein der Investoren, wie auch auf die Einsatzmöglichkeiten und Chancen der Kreditderivate im Risikomanagement zurückführen. Ein weiteres Motiv ist auch in dem generellen Entwicklungspotential für neue, strukturierte Kreditrisikotransferprodukte zu sehen.

3.4.2. Marktentwicklung und Marktstruktur

Im Folgenden soll die Entwicklung im letzten Jahrzehnt und die Struktur des Marktes für Kreditderivate genauer betrachtet werden, wobei auf Marktvolumen, Produktverteilung und Marktteilnehmer eingegangen wird.

Da es sich bei Kreditderivaten hauptsächlich um Over-the-Counter-Geschäfte handelt, deren Abwicklung außerbörslich erfolgt, sind keine präzisen Daten zur gesamten Marktstruktur verfügbar. Jedoch führen verschiedene Finanzorganisationen, wie die ISDA, die British Bankers' Association (BBA), die Bank for International Settlements (BIS) und das Office of the Comptroller of the Currency (OCC) regelmäßig Umfragen bei den auf den Finanzmärkten agierenden Akteuren durch. Seit 2007 werden insbesondere halbjährlich in den BIS-Reports die globalen CDS-Werte separat ausgewiesen und veröffentlicht. Da die vorhandenen Daten und Statistiken neben den berichtspflichtigen Finanzinstituten (Reporting Dealers) aus den Befragungen von weiteren Marktteilnehmern stammen, ist eine exakte und vollständige Darstellung der Marktstruktur mit gewissen Unsicherheiten behaftet. Dies zeigt sich z.B. auch in den abweichenden Angaben der jährlichen BIS- und ISDA-Nominalvolumen. Des Weiteren ist anzumerken, dass sich ein Großteil der veröffentlichten Statistiken für Kreditderivate nur auf die Credit Default Swaps bezieht. Da sie jedoch auf dem Markt der Kreditderivate eine dominierende Stellung einnehmen, spiegeln die verfügbaren Statistiken die generelle Marktentwicklung und Marktstruktur des Kreditderivate-Handels wieder.

---

[130] Vgl. Nonnenmacher/Barsch (2001), S. 1393.

Abb. 12 zeigt die Entwicklung des Nominalvolumens der Credit Default Swaps der letzten 10 Jahre. Die halbjährlichen erfassten Nominalwerte der veröffentlichten Marktanalysen enthalten hierbei sowohl die auf einzelnen Referenzschuldnern (Single-name CDS) als auch die auf einer Gruppe (Multi-name CDS) von Referenzschuldnern beruhenden CDS-Produkte. Da die Credit Default Swaps mit Abstand den deutlich größten Marktanteil im Kreditderivate-Markt einnehmen, kann die in Abb. 12 dargestellte Marktentwicklung als repräsentativ für den gesamten Kreditderivate-Markt interpretiert werden. Die Nominalwerte (Brutto-Nominalwerte) stellen hierbei die Summe aller abgeschlossenen CDS-Verträge dar und werden „über alle Referenzeinheiten und alle Marktteilnehmer hinweg gebildet“[131].

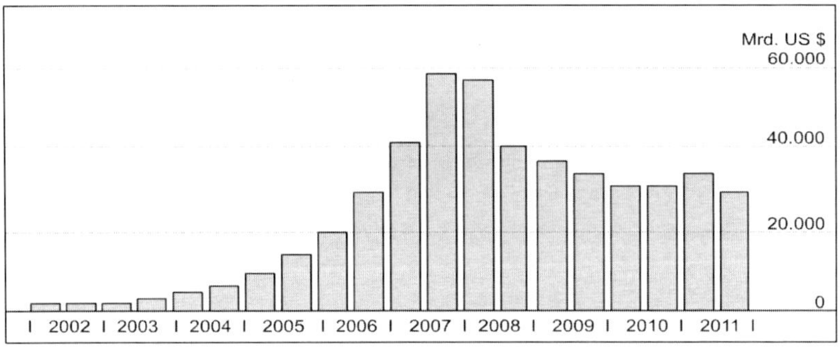

Abbildung 12: Entwicklung des Marktvolumens der Credit Default Swaps[132]

In Mrd. US$		2002	2003	2004	2005	2006	2007	2008	2009	2010	2011
1.	BIS				10.211	20.352	42.581	57.403	36.046	30.261	32.409
Halbj.	ISDA	1.563	2.687	5.441	12.429	26.005	45.464	54.611	31.223	26.263	
2.	BIS			6.396	13.908	28.650	58.244	41.883	32.693	29.898	28.633
Halbj.	ISDA	2.191	3.779	8.422	17.096	34.422	62.173	38.563	30.428		

Tab. 1: Entwicklung der Nominalwerte der Credit Default Swaps[133]

[131] Vgl. Deutsche Bundesbank (2010), S. 51.

[132] Daten entnommen aus: Bank for International Settlements (2007, 2009, 2012a), S. A103, S. A131 u. International Swaps and Derivatives Association (2010), o.S.

[133] Daten entnommen aus: Bank for International Settlements (2007, 2009, 2012a), S. A103, S. A131 u. International Swaps and Derivatives Association (2010), o.S.

Deutlich zu erkennen ist ein stetiger Anstieg des Nominalvolumens bis zum Jahr 2007. Während sich das Marktvolumen der ausstehenden Credit Default Swaps 2002 auf ungefähr 2.000 Mrd. USD belief, hatte es sich bis zum Jahresende 2006 mit ca. 30.000 Mrd. USD mehr als verzehnfacht und erreichte ein Jahr später im 2.Halbjahr 2007 mit einer Verdoppelung des Marktvolumens seinen Höchststand von ca. 62.000 Mrd.USD (ISDA-Wert). Das starke Marktwachstum bis zum Jahr 2007 verdeutlicht das zunehmende Interesse der Marktteilnehmer an Kreditderivaten als Risikotransferinstrument, aber zunehmend auch als spekulatives Investment. Mit der Subprime-Krise 2007 und dem Zusammenbruch der US-Investmentbank Lehmann Brothers 2008, kam es zu einem Rückgang des Marktes, wobei das Marktvolumen 2009 auf ca. 32.000 Mrd. USD sank und sich seitdem rückläufig im Bereich von 30.000 Mrd. USD bewegt.

Am Beispiel des US-Marktes (2. Quartal 2012) zeigt sich, dass der Marktanteil der Credit Default Swaps mit seinen Ausprägungsvarianten weiterhin den Markt dominiert, wohingegen Total Return Swaps, Credit Default Options wie auch andere Kreditderivate gegenwärtig nur einen sehr geringen Marktanteil besitzen.[134]

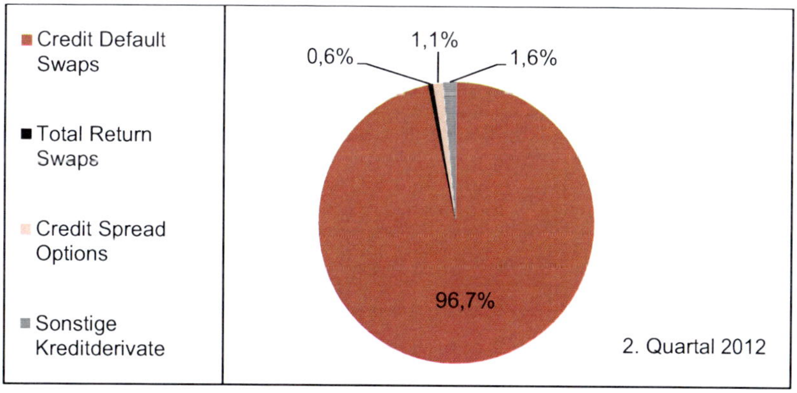

Abb. 13: Marktanteile der Kreditderivate auf dem US-Markt[135]

[134] Vgl. Office of the Comptroller of the Currency (2012), S.8.

[135] Daten entnommen aus: Office of the Comptroller of the Currency (2012), S. 8.

Ein Vergleich mit dem im Jahr 2006 veröffentlichten BBA Report zeigt, dass die globalen Marktanteile der TRS, CLN und CSO mit jeweils 5% bis 10% wesentlich stärker vertreten waren, dennoch nahm der Anteil der CDS-Varianten mit über 60% bereits damals eine Spitzenposition unter den Kreditderivaten ein.[136] Dies mag zum einen an der relativ einfachen Form des Credit Default Swaps im Vergleich zu den anderen Kreditderivaten liegen. Zum anderen haben sowohl die Standardisierungen der CDS-Dokumentation als auch die Entwicklung von Standardverträgen durch die ISDA (ISDA Master Agreement von 2003) zu einem wesentlichen Aufschwung der CDS beigetragen.[137]

In Abb. 14 ist die globale Verteilung der Nominalwerte von Single-name und Multi-name CDS-Varianten für den Zeitraum 2010 bis 2011 dargestellt. Der Anteil der Single-name CDS liegt durchschnittlich bei 60% und bewegt sich damit in der Größenordnung der Vorjahre. Der Anteil der auf einem von Index von Schuldnern beruhenden Index-Produkte (iTraxx und CDX) liegt bei 36,2 % vom Gesamtvolumen aller gehandelten Single-name und Multi-name CDS-Produkt und weist eine leichte Zunahme gegenüber dem Wert von 30,1% des BBA Reports von 2006 auf.[138]

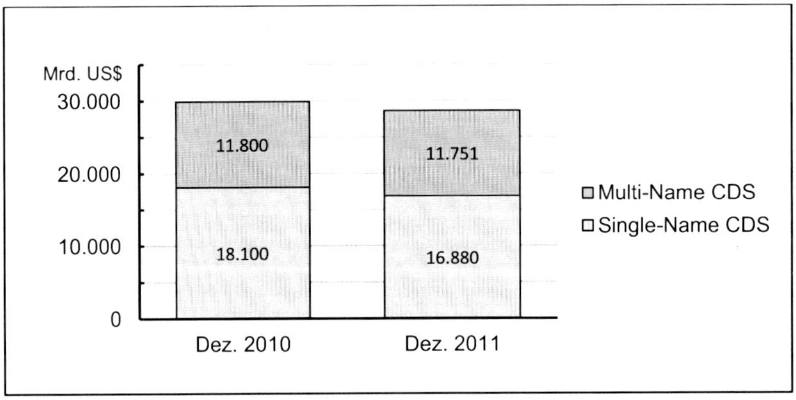

Abb. 14: Verteilung der Single-name und Multi-name CDS[139]

[136] Vgl. British Bankers' Association (2006), S. 6.
[137] Vgl. Intercontinental Exchange (2010), S. 8.
[138] Vgl. Bank for International Settlements (2012b), o.S. u. British Bankers' Association (2006), S. 6.
[139] Daten entnommen aus: Bank for International Settlements (2012a), S. A131.

Tab. 2 zeigt, welche Teilnehmer weltweit als Käufer bzw. Verkäufer von Sicherungsschutz am Kreditderivate-Markt auftreten. Dargestellt ist der prozentuale Kauf- und Verkaufsanteil der einzelnen Marktteilnehmer basierend auf den ausstehenden Nominalwerten vom Juni 2012 (BIS Amounts Outstanding at End June 2012). Grundsätzlich agieren die verschiedensten Finanzakteure auf dem Kreditderivate-Markt. Allerdings stellen die Geschäfts- und Investmentbanken sowohl als Käufer als auch Verkäufer die bedeutendsten Marktteilnehmer mit einem gegenwärtigen Marktanteil von ca. 80% dar.

	Käufer %	Verkäufer %
Banken	80,8	81,8
Central Counterparties	11,9	12,2
Versicherungen	1,0	0,3
Zweckgesellschaften	1,2	0,6
Hedgefonds	1,3	2,4
Sonstige (Pensionfonds etc.)	3,7	2,7

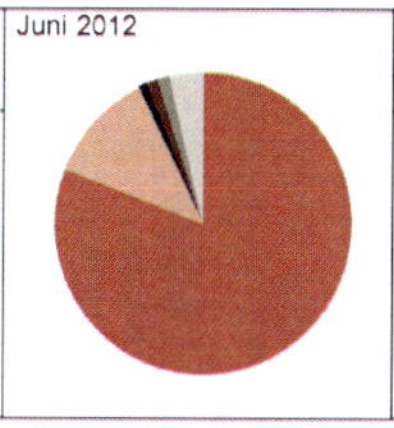

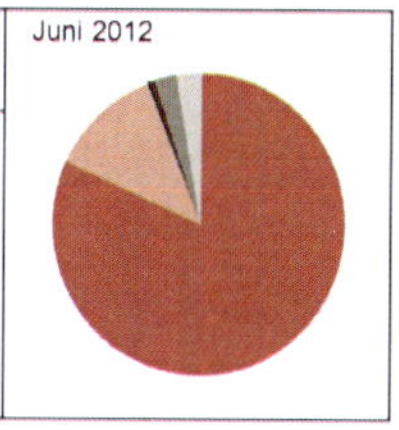

Tab. 2: Teilnehmer auf dem Kreditderivate-Markt[140]

Dies liegt vor allem daran, dass die Banken Kreditderivate nicht nur zur Absicherung einsetzen, sondern auch zu Anlagezwecken. Weiterhin zeigt sich die zunehmende Bedeutung der Central Counterparties (Zentrale Gegenparteien)[141] auf dem Kreditderivate-Markt. Dieser Wandel wird durch den gegenwärtigen Anteil von ca. 12% unterstrichen. Im Gegensatz dazu ist der vor der Subprime-Krise wesentlich stärkere Anteil der Hedgefonds von ca. 38% (2006) zurzeit stark rückläufig.[142]

In Tab. 3 sind die gehandelte Brutto-Nominalwerte (Kauf und Verkauf) der fünf größten Finanzinstitute auf dem Kreditderivate-Markt (Stand März 2009) aufgelistet. Nach einer Untersuchung der Ratingagentur Fitch Ratings waren diese fünf global agierenden Finanzinstitute 2009 für ca. „88% der gehandelten Volumina verantwortlich“[143]. Dies zeigt deutlich, dass trotz des Auftretens weiterer Marktteilnehmer (z.B. Hedgefonds und

[140] Daten entnommen aus: Bank for International Settlements (2012b), o.S.

[141] Die Zentrale Gegenpartei tritt zwischen dem Käufer und Verkäufer eines Kreditderivates auf und übernimmt das Risiko, dass einer der Vertragspartner ausfällt. Vgl. Baseler Ausschuss für Bankenaufsicht (2012), S. 1.

[142] Vgl. J.P. Morgan (2006), S. 40.

[143] Weistroffer (2010), S. 6.

Rückversicherer) der Markt für Kreditderivate nur durch wenige Hauptakteure dominiert wird.

Händler (März 2009)	Nominalwerte (Kauf u. Verkauf in Mrd. US$)
JP Morgan	7.502
Goldman Sachs Group	6.600
Morgan Stanley	6.293
Deutsche Bank	6.191
Barclays Group	6.033

Tab. 3: Die fünf größten Kreditderivate-Händler[144]

Die großen Geschäfts- und Investmentbanken treten hierbei sowohl als Sicherungskäufer als auch Sicherungsverkäufer auf. Da diese 5 Finanzinstitute den Großteil des Kreditderivate-Geschäftes untereinander abwickeln, kann es zu „intensiven Wechselwirkungen zwischen Gegenpartei- und Kreditrisiken kommen“[145]. Das bedeutet, wenn sich in kritischen Situationen ein Hauptakteur zurückzieht oder ausfällt, möglicherweise Marktstörungen hervorgerufen werden. Zudem besteht die Gefahr eines Marktmissbrauchs durch Insidergeschäfte oder Marktmanipulationen, wenn eine relativ kleine Gruppe von Marktakteuren eine marktbeherrschende Stellung einnimmt.

[144] Daten entnommen aus: Deutsche Bundesbank (2010), S. 53.
[145] Deutsche Bundesbank (2010), S. 52.

4. Risikomanagement mit Kreditderivaten

4.1. Begriff des Risikomanagements

Das Management von Risiken ist eine der zentralen Aufgabe in der Geschäftstätigkeit der Banken und Finanzdienstleister, um am Markt erfolgreich operieren zu können und den Unternehmenswert langfristig zu sichern.[146] Dies bedingt somit auch eine der wichtigsten Herausforderungen für die Unternehmen, ein effektives Risikomanagement zu etablieren. Das primäre Ziel des Risikomanagements ist es, ein möglichst ausgeglichenes Verhältnis von Rendite und Risiko zu erreichen.[147] Die notwendigen Maßnahmen richten sich jedoch nicht nur nach dem unternehmerischen Risiko-Rendite-Aspekt, sondern ebenso nach den Mindestanforderungen, die von der Bundesanstalt für Finanzdienstleistungsaufsicht (BaFin) vorgeschrieben sind. In den Mindestanforderungen an das Risikomanagement (MaRisk) werden die Anforderungen konkretisiert, dass Kreditinstitute verpflichtet sind, wirksame Verfahren einzurichten, um ihre Risikotragfähigkeit sicherzustellen. Die Ausgestaltung des Risikomanagements unterliegt somit auch rechtlichen Rahmenbedingungen, wobei in Folge von Basel III die aufsichtsrechtlichen Kapitalanforderungen für Kredit- und Marktrisiken wesentlich erweitert wurden.[148]

Grundsätzlich umfasst der Begriff Risikomanagement „sämtliche Maßnahmen zur planmäßigen und zielgerichteten Analyse, Beeinflussung (Steuerung) und Kontrolle der Risikoposition"[149]. Der frühzeitigen Erkennung des gegenwärtigen und zukünftigen Risikos[150] kommt im Rahmen des Risikomanagements zudem eine besondere Aufgabe zu, da hieraus die notwendigen Steuerungsmaßnahmen für die Risikovermeidung bzw. Risikoreduzierung abgeleitet werden.[151] Generell kann das Risikomanagement als dynamischer Prozess betrachtet werden, der in die vier Phasen Risikoidentifikation,

---

[146] Vgl. Bantleon (2010), S. 19.
[147] Vgl. Hull (2011), S. 17.
[148] Vgl. Gaumert et al. (2011), S. 54 ff.
[149] Schulte/Horsch (2004), S. 17.
[150] Unter dem Begriff Risiko sollen im Folgenden vor allem solche Risiken verstanden werden, die aus dem Eingehen einer Kreditposition entstehen und in Kapitel 2.1 thematisiert wurden.
[151] Vgl. Totzek (1999), S. 317.

Risikoanalyse, Risikosteuerung und Risikokontrolle unterteilt wird (Abb. 15).[152] Diese vier Phasen bilden in ihrer Ablauffolge einen offenen Kreisprozess. Dies bedeutet, dass neu identifizierte Risiken in den Prozessablauf jederzeit zu integrieren sind, um die aktuelle Risikosituation des Unternehmens beurteilen zu können.

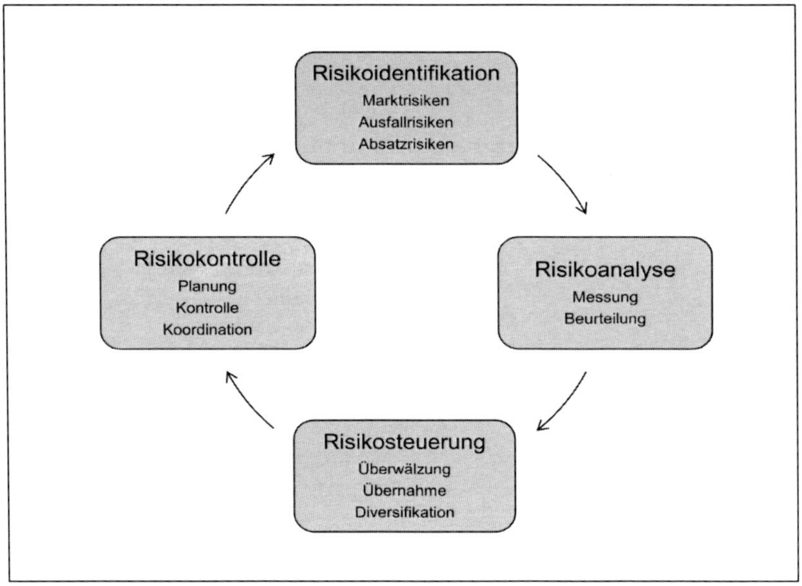

Abb. 15: Phasenschema des Risikomanagement-Prozesses[153]

Im Gegensatz zur Identifikation, Analyse und Kontrolle des Risikos ist die Risikosteuerung im Rahmen dieser Arbeit von besonderer Bedeutung, da Kreditderivate zur Risikosteuerung der Kreditportfolios eingesetzt werden. Die Risikosteuerung umfasst dabei die „gezielte Steuerung aller wesentlichen Risiken im Einklang mit der Strategie und der Risikotragfähigkeit“[154]. Prinzipiell setzt sich die Risikosteuerung im Bankengeschäft aus verschiedenen Maßnahmen zusammen, die es erlauben, wirksam mit möglichen Risikopotentialen umzugehen. Hierzu zählen die Risikoüberwälzung, Risikoüber-

[152] Wolke (2008), S. 3f.
[153] Darstellung in Anlehnung an Wolke (2008), S. 5 u. Bantleon (2010), S. 151.
[154] Wolke (2008), S. 79.

nahme und Risikodiversifikation wie auch die Risikoverminderungen und Risikovermeidung.[155]

Gerade im Bereich der Risikoüberwälzung, also der Übertragung des Risikos auf Dritte, ohne dabei die Risikoposition veräußern zu müssen, bietet sich der Einsatz von Kreditderivaten als innovatives Finanzprodukt an. Da Kreditderivate jedoch nicht nur zur Absicherung von individuellen Risikopositionen genutzt werden können, sondern auch dazu, Risikopositionen zu übernehmen, finden sie ebenso Anwendung in der Risikoübernahme und der Risikodiversifikation im Rahmen der Risikosteuerung eines Kreditportfolios.

Der Ausgangspunkt für eine effektive Risikosteuerung eines Kreditportofilos ist nach der Risikoidentifizierung die Beurteilung bzw. Messung der Risiken, die im Risikomanagement der Banken durch verschiedene Portfoliomodelle (z.B. Credit Risk und Credit-Metrics)[156] bestimmt werden. Diese portfoliobezogenen Kreditrisikomodelle liefern eine Aussage über den zu erwartenden Ausfall ausgedrückt als Value-at-Risk (VaR). Der Value-at-Risk ist das Risikomaß, welches sich allgemein zu einem Standardmaß für die Risikoquantifizierung der Finanzinstitute entwickelt hat und die Wahrscheinlichkeit eines möglichen maximalen Verlustes in einem vorgegeben Zeitraum darstellt.[157]

4.2. Motive für den Einsatz von Kreditderivaten zur Risikosteuerung

Die Motive für den Einsatz von Kreditderivaten im Bankengeschäft sind äußerst vielseitig. Neben der Absicherung und Diversifikation von Kreditrisiken, existieren Arbitrage- und Spekulationsmotive sowie weitere Motive, die sich auf das Management des regulatorischen Kapitals und der Bilanzstruktur beziehen. Aufgrund der Thematik der vorliegenden Arbeit beschränken sich die folgenden Kapitel auf die Motive und Einsatzmöglichkeiten der Kreditderivate im Rahmen des Kreditrisikomanagements, denen ein definierter Absicherungszweck zugrunde liegt.

---

[155] Vgl. Schulte/Horsch (2004), S. 21.
[156] Niethen/Wahrenburg (2005), S. 469 f.
[157] Vgl. Hull (2011), S. 189.

4.2.1. Kreditportfoliooptimierung

Die Optimierung eines Kreditportfolios erfolgt durch die Steuerung des Risiko-Ertrags-Profils, mit dem Ziel, dieses Profil „der eigenen Risikobereitschaft und den internen Ertragszielen entsprechend anzupassen“[158]. Das klassische Kreditgeschäft war hierbei im Wesentlichen durch eine Buy-and-Hold-Strategie, ergänzt durch die traditionellen Methoden des Risikotransfers wie z.B. Kreditverkauf, Garantieversicherung oder die konventionelle Verbriefung der Kredite, geprägt. Durch die Entwicklung der Kreditderivate rückte immer mehr die aktive Steuerung des Kreditportfolios in den Vordergrund, die durch den Kauf bzw. Verkauf des von der Kreditposition isolierten Kreditrisikos bestimmt wird.[159]

4.2.1.1. Risikoabsicherung

Kreditderivate ermöglichen es, verschiedene Kreditrisiken, wie zum Beispiel Adressenausfallrisiken oder Bonitätsänderungsrisiken auf Dritte zu transferieren. Dementsprechend bieten sie sich besonders im Bereich der Risikoabsicherung einzelner Kredite, aber auch ganzer Kreditportfolios an. Vor allem in solchen Fällen, in denen Kreditrisikopositionen unkompliziert abgesichert werden sollen, können Kreditderivate eingesetzt werden. Eine nicht gewünschte Kündigung des Kreditverhältnisses und eine damit einhergehende Beeinträchtigung der Kundenbeziehung kann dadurch umgangen werden.[160]

Grundsätzlich kann das Risiko einer Kreditposition bereits bei Vertragsbeginn oder im weiteren Verlauf durch Abschluss eines Kreditderivate-Vertrages kompensiert werden. Diese zu Sicherungszwecken abgeschlossenen Finanzgeschäfte werden häufig auch als Hedging[161] bezeichnet. Abhängig von der dem Hedging zugrunde liegenden Struktur der Risikoposition kann in Micro-Hedge und Macro-Hedge unterschieden werden.[162]

---

[158] Vgl. Bluhm/Gössl (2004), S. 56.
[159] Vgl. Hohl/Liebig (1999), S. 515.
[160] Vgl. Becker/Wolf (2005), S. 402.
[161] Vgl. Beike/Barckow (2002), S. 10.
[162] Vgl. Rudolph (1995), S. 15.

Soll zum Beispiel lediglich ein einzelner Kredit oder eine einzelne, im Kreditportfolio eingebettete Kreditposition abgesichert werden, so handelt es sich um einen Mirco-Hedge.[163] Im Gegensatz zum Micro-Hedge, stellt der Macro-Hedge die Absicherung mehrerer risikobehafteter Kreditpositionen dar. Macro-Hedges werden vorwiegend dann eingesetzt, wenn mehrere Positionen gleichzeitig bzw. ein größerer Teil des gesamten Kreditportfolios abgesichert werden soll. In solchen Fällen kommen überwiegend unterschiedliche Basket-Produkte oder Portfolio-CDS zum Einsatz.[164] Mit Hilfe dieser Kreditderivate können vor allem „Kreditrisiken [...], die im Gesamtportfolio aus Risikokonzentration durch Branchen oder Regionen entstanden sind“[165] abgesichert werden. So lassen sich z.B. die eingegangenen Kreditrisikopositionen einer Branche oder Region mit Hilfe eines Basket CDS transferieren und bereichsspezifische Klumpenrisiken (Cluster Risks)[166] vermeiden.[167]

Der Abbau von Klumpenrisiken im Portfolio, das sich für eine Branche oder Region unter den verschiedensten ökonomischen und wirtschaftspolitischen Ursachen entwickeln kann, ist ein wesentliches Motiv im Rahmen der Risikoabsicherung durch Kreditderivate.[168] Auch das Eingehen eines großen Kreditengagements, das die maximale Risikoschwelle bzw. die zu hinterlegende Eigenkapitalquote der Bank übersteigt, kann durch Kreditderivate ermöglicht werden. Um das Klumpenrisiko bei einem Großkredit zu reduzieren, werden bspw. mehrere TRS[169] abgeschlossen. Dadurch kann der Großkredit in kleinere Risikopositionen aufgeteilt und auf mehrere Sicherungsgeber verteilt werden. Dies wiederum ermöglicht es den Banken, Großkredite alleine zu vergeben, ohne auf die Beteiligung anderer Banken angewiesen sein zu müssen, welches bei einer Kreditsyndizierung der Fall wäre.[170]

---

[163] Vgl. Hüttemann (1999), S. 47.
[164] Vgl. Hohl/Liebig (1999), S. 516.
[165] Hüttemann (1999), S. 49.
[166] Vgl. Nonnenmacher/Brasch (2001), S. 1388.
[167] Vgl. Becker/Wolf (2005), S. 402.
[168] Vgl. Lause (2005), S. 44.
[169] Es können auch mehrere CDS abgeschlossen werden, um das Risiko des Großkredits aufzuteilen. Vgl. Becker/Wolf (2005), S. 402.
[170] Vgl. Hohl/Liebig (1999), S. 517.

Je nachdem, welches Risiko konkret abgesichert werden soll, sei es auf Einzeltitel-Ebene oder Portfolio-Ebene, bieten sich unterschiedliche Kreditderivate an. Steht beispielsweise ausschließlich die Absicherung des Kreditausfallrisikos im Vordergrund, können CDS wie auch Basket CDS unterschiedlicher Ausprägungen eingesetzt werden. Steht hingegen die Absicherung des Bonitätsänderungsrisikos im Vordergrund, sind TRS und CSOs die geeigneten Transferinstrumente. Der Einsatz einer CLN hat zudem den Vorteil, dass zusätzlich zum Ausfallrisiko auch das Kontrahentenausfallrisiko abgesichert wird, also das Risiko, dass der Sicherungsgeber als Vertragspartner ausfällt.[171] Insbesondere für die Absicherung umfangreicher Kreditportfolios bzw. Asset-Klassen auf dem Kapitalmarkt bieten sich die synth. CDOs an, die in der „fully funded" Variante auch das Kontrahentenausfallrisiko komplett für alle Tranchen abdecken.

4.2.1.2. Risikoübernahme

Neben der Risikoabsicherung stellt die Risikoübernahme einen weiteren Aspekt im Rahmen der Kreditportfoliooptimierung dar. Hierbei tritt die Bank als Sicherungsgeber auf und übernimmt durch den Abschluss eines Kreditderivates das Kreditrisiko eines Referenztitels, welches nicht in ihrem Besitz ist. Eine neue, synthetische Kreditrisiko-Position wird eingegangen. Die Bank kann somit zusätzliche Risiken in ihr Kreditportfolio hineinnehmen, ohne einen Kredit vergeben zu müssen. Das hierbei übernommene Risiko ist grundsätzlich identisch, wie bei der direkten Kreditrisikobeziehung zu einem Schuldner.[172]

Sind z.B. bestimmte Risiken innerhalb eines Kreditportfolios unterrepräsentiert, so kann dies durch das Eingehen einer neuen Kreditrisiko-Position ausgeglichen werden.[173] Dieser Gedanke steht auch hinter der Diversifikation von Kreditportfolios. Bei der Risikodiversifikation handelt es sich um das Ausnutzen der Risikostreuung, wobei es das Ziel ist, „Risiken in einem Teilbereich [...] durch Chancen in anderen Bereichen"[174] auszugleichen. Angenommen, eine Bank ist bei ihrer Kreditvergabe besonders stark auf eine bestimmte Branche oder Region ausgerichtet, so ist die Risikostreuung gering und

[171] Vgl. Cremers/Walzner (2007), S. 38.
[172] Vgl. Staub (2009), S. 330.
[173] Vgl. Landry/Radeke (1999), S. 543.
[174] Schulte/Horsch (2004), S. 21.

die Risiken anderer Kundengruppen sind im Portfolio unterrepräsentiert. Mit Hilfe der Kreditderivate besteht nun die Möglichkeit neue, synthetische Risiko-Positionen in das Kreditportfolio aufzunehmen und dieses zu diversifizieren.[175] So können durch die Übernahme neuer Kreditrisiken zusätzliche Erträge durch den Cash Flow vom Risikoverkäufer generiert werden, ohne dabei ein Kreditengagement eingehen zu müssen.[176] Ein Beispiel für die Portfoliodiversifikation ist insbesondere die Erschließung neuer Märkte, indem eine nur regional tätige Bank außerhalb ihres normalen Geschäftsgebietes auch im Ausland als Risikokäufer auftreten kann und hierdurch unterpräsentierte Risiken ausgeglichen werden.[177]

Wie bereits erwähnt, ist der grundlegende Gedanke bei der Risikoübernahme im Rahmen der Portfoliodiversifikation, ein möglichst ausgeglichenes, bzw. optimales Verhältnis von Rendite und Risiko zu erzielen. Die Ertragskomponente und die Risikokomponente sind somit von besonderer Relevanz. Generell ist das Portfoliorisiko kleiner als die Summe der Einzelrisiken, da diese „i.d.R. nicht perfekt miteinander korrelieren“[178]. Die Cash Flows aus den zugrunde liegenden Kreditderivaten eines Portfolios ergeben sich jedoch rein additiv, da sie unabhängig von den Korrelationen sind. Durch die zusätzliche Übernahme von Risiken, die nicht mit den bestehenden Risiken korrelieren, kann dementsprechend das Ertrag-Risiko-Verhältnis des Portfolios verbessert werden.[179]

4.2.2. Kreditlinienmanagement

Das Kreditlinienmanagement ist ebenfalls ein wesentlicher Aspekt unter dem Gesichtspunkt einer aktiven Portfoliosteuerung mit Kreditderivaten, mit der Zielsetzung ein optimales Verhältnis von Rendite und Risiko zu erreichen. Bei einer Kreditlinie handelt es sich um den Betrag, „bis zu dessen Höhe ein Bankkunde einen Kredit in Anspruch nehmen kann“[180]. Hierbei lassen sich grundsätzlich zwei Fälle unterscheiden. Einerseits kann die bestehende Kreditlinie seitens des Kunden nur teilweise oder gar nicht ausge-

---

[175] Vgl. Landry/Radeke (1999), S. 543.
[176] Vgl. Becker/Wolf (2005), S. 403.
[177] Vgl. Landry/Radeke (1999), S. 543 f.
[178] Cremers/Walzner (2007), S. 38.
[179] Vgl. Cremers/Walzner (2007), S. 39.
[180] Feldbausch (1991), S. 139.

nutzt werden. Andererseits besteht ebenso die Möglichkeit, dass die eingeräumte Kreditlinie aufgrund eines zusätzlichen Kreditwunsches des Kunden überschritten wird.

Falls eine Kreditlinie nicht vollkommen ausgenutzt wird, bspw. eine Kreditlinie über drei Jahre nur innerhalb des ersten Jahres in Anspruch genommen wird, liegt bei der Bank eine Fehlallokation von Risikokapital in den Folgejahren vor. Zwar wäre die Bank bereit, die aus der Kreditlinie in den beiden Folgejahren resultierenden Risiken zu übernehmen, jedoch würde sie dafür keine Erträge erhalten, wenn die Kreditlinie ungenutzt bliebe. Folglich wird die Rendite für das eingesetzte Kapital beeinträchtigt. Um die Rendite indes zu optimieren, müsste die Kreditlinie möglichst exakt ausgenutzt werden. Dies kann durch eine Risikoübernahme mit Hilfe von Kreditderivaten erreicht werden, da durch die Übernahme neuer Kreditrisiken ein zusätzlicher Cash Flow erzielt wird und somit ein verbesserter Ertrag generiert werden kann.[181] Andererseits kann auch der Fall eintreten, dass ein Großkunde trotz einer vollkommen ausgenutzten Kreditlinie weiterhin einen Kreditbedarf hat. Dies würde jedoch das eingeräumte Kreditlimit überschreiten und eventuell zu einer zu hohen Risikokonzentration im Portfolio führen. Da die Bank die Kundenbeziehung jedoch nicht beeinträchtigen möchte, gewährt sie den Kredit und sichert diesen zugleich mit einem Kreditderivate ab. Dadurch bleibt das ursprüngliche Konzentrationsrisiko, wie auch die normale Geschäftsbeziehung zum Kunden unverändert.[182]

[181] Hohl/Liebig (1999), S. 518.
[182] Vgl. Weistroffer (2010), S. 8.

5. Kritische Würdigung des Einsatzes von Kreditderivaten in Portfolios

5.1. Chancen aus Kreditderivaten

Die Marktentwicklung der Kreditderivate zeigt, dass diese im Risikomanagement von Finanzinstituten an Bedeutung gewonnen haben. Dies liegt vor allem an den zahlreichen Möglichkeiten zur Risikoabsicherung und der möglichen Verbesserung des bilanziellen Gewinns, die sich aus den verschiedenen Kreditderivate-Produkten ergeben. Insbesondere vor dem Hintergrund des zu beobachtenden Strukturwandels im Bankensektor und einem zunehmenden Wettbewerbsdruck, sind die Finanzinstitute bestrebt, durch neue Finanzprodukte eine Ergebnisverbesserung zu erreichen. Im Folgenden sollen die positiven Effekte durch den Einsatz der Kreditderivate im Risikomanagement betrachtet werden, wobei auch auf die Unterschiede zu den traditionellen Kreditrisikotransferprodukten eingegangen werden soll.

Ein wesentlicher Vorteil und eines der Hauptunterscheidungsmerkmale der Kreditderivate zu den herkömmlichen Finanzderivaten, wie z.B. Optionen und Futures liegt darin, dass nicht nur Marktpreisrisiken, sondern auch die Kreditrisiken bestimmter Positionen abgesichert werden können.[183] Des Weiteren kommen traditionelle Kreditrisikotransferinstrumente (z.B. Kreditversicherungen oder Kreditgarantien) in der Regel nur vor Abschluss eines Kredites zum Einsatz. Kreditderivate hingegen können jederzeit auch noch nach Kreditabschluss eingesetzt werden, sofern für eine bestehende Kreditposition neue Risiken identifiziert und somit ein Absicherungsbedarf entstanden ist.[184]

Da Kreditderivate jedoch nicht nur zu Absicherung bestehender Kreditpositionen genutzt werden können, sondern auch dazu, neue Risikopositionen zu übernehmen, eröffnen sich im Kreditportfoliomangement zahlreiche Chancen. So kann das Kreditportfolio entsprechend der internen Risikostrategie durch die gezielte Aufnahme und Abgabe von

[183] Vgl. Nonnenmacher/Brasch (2001), S. 1387.
[184] Vgl. Wald (2002), S. 43.

Risiken gesteuert werden.[185] Der Bestand der Kredite bzw. Anleihen im Kreditportfolio bleibt im Gegensatz zu den traditionellen Risikotransferprodukten (z.B. Kreditverkauf oder Verbriefung) hingegen unverändert, da lediglich die Risiken abgesichert oder übernommen werden.[186] Im Rahmen der Absicherung ist es zudem von besonderer Bedeutung, dass das „ursprüngliche Kreditgrundgeschäft in seinem rechtlichen Bestand unberührt bleibt"[187]. Während es bei einem Kreditverkauf zwingend vorgeschrieben ist, den Kreditnehmer über den Verkauf zu informieren, kann die Risikoposition mit Hilfe eines Kreditderivates vertraulich abgesichert werden, ohne dabei die Geschäftsbeziehung zum Kunden zu gefährden.[188]

Zusätzlich können Kreditderivate auch zur Erschließung neuer Märkte dienen, zu denen Banken keinen direkten Zugang haben. Als Beispiel sei hier eine regional tätige Bank genannt. Aufgrund eines fehlenden Filialnetzes oder fehlender Investitionsmittel besteht normalerweise keine Möglichkeit im Ausland aktiv zu sein. Sollen die im Kreditportfolio unterrepräsentierten Auslandsrisiken der Bank nun ausgeglichen werden, kann dies durch den Einsatz von Kreditderivaten geschehen, welche eine Übernahme von Kreditrisiken auch im Ausland ermöglichen.[189] Die Bank tritt somit auch außerhalb ihres normalen Geschäftsgebietes als Risikokäufer auf, ohne hierfür umfangreiche Investitionsmittel zur Verfügung stellen zu müssen. Dieser Aspekt erlaubt eine verbesserte Diversifikation des Kreditportfolios sowohl für den Sicherungsnehmer als auch für den Sicherungsgeber, mit dem Effekt, dass „ die Risikokonzentration einer Bank damit zur Diversifikationsmöglichkeit einer anderen Bank [wird]"[190].

Ein wichtiger Aspekt bei der Risikoübertragung durch Kreditderivate ist auch die Reduzierung des „Risikovorsorgebedarfs bzw. der Umfang der Eigenkapitalbindung mit der Folge möglicher positiver Ertragswirkungen"[191]. Übernommene Risiken sind durch Eigenkapital entsprechend den regulatorischen Eigenkapitalanforderungen (Basel III)[192]

---

[185] Landry/Radeke (1999), S. 543.
[186] Vgl. Becker/Wolf (2005), S. 402.
[187] Müller/Mauelshagen (2004), S. 94.
[188] Vgl. Winkel (2004), S. 551.
[189] Vgl. Landry/Radeke (1999), S. 543 f.
[190] Rudolph et al. (2012), S. 225.
[191] Vgl. Müller/Mauelshagen (2004), S. 94.
[192] „Das Gesamtkapital (Kernkapital plus Ergänzungskapital) muss jederzeit mindestens 8,0% der

abzudecken, wodurch die gesamte Kreditvergabe durch die Höhe des Eigenkapitals einer Bank begrenzt wird. Können aufgrund der Restriktionen im Rahmen eines konventionellen Risikotransfers keine weiteren Kreditengagements mehr übernommen werden, können Banken jedoch über Kreditderivate Risiken aus ihrem Portfolio an diejenigen Banken transferieren, bei denen es noch nicht zu einer Auslastung des Eigenkapitals gekommen ist.[193]

Bei der Portfoliosteuerung können auch bilanzpolitische Aspekte für den gezielten Einsatz von Kreditderivaten vorteilhaft sein. Dies liegt in erster Linie daran, dass es sich bei den meisten genutzten Kreditderivaten, wie z.B. dem CDS oder dem TRS, um sogenannte Off-balance-sheet-Transaktionen, also außerbilanzielle Transaktionen handelt.[194] Wird hingegen ein hybrides Kreditderivate eingesetzt, wie z.B. eine CLN, so ist diese in einen bilanzneutralen CDS und in eine zu bilanzierende Anleihe zu zerlegen.[195]

Der bilanzielle Aspekt beim Einsatz der Kreditderivate kann auch zur Vermeidung von steuerlichen Nachteilen von Interesse sein, wenn in einem Land auf Veräußerungsgewinnen eine hohe Quellensteuer für ausländische Finanzinvestoren anfällt, „die bis zu 15 % der Rendite betragen“[196] kann. Dieser Nachteil kann durch den Kauf der Anleihe eines Vertragspartners mit rechtlichem Sitz in dem betreffendem Land und dem gleichzeitigen Abschluss eines TRS mit ihm als Sicherungsnehmer umgangen werden. Hierbei profitiert der Investor davon, dass der Cash Flow aus dem Referenztitel, also die Zinszahlungen der Anleihe an den inländischen Vertragspartner, nicht der höheren Quellensteuer unterliegen, die für ausländische Investoren anfallen würde.[197]

Der wesentliche Vorteil der Kreditderivate liegt jedoch in der individuellen Vertragsgestaltung. Da die Kreditderivate zu den OTC-Produkten zählen und außerbörslich gehandelt werden, können die Vertragsvereinbarungen entsprechend den Zielsetzungen der

risikogewichteten Aktiva betragen“. Basler Ausschuss für Bankenaufsicht (2010), S. 13.
193 Vgl. Rudolph et al. (2012), S. 225.
194 Vgl. Hüttemann (1999), S. 33.
195 Vgl. Burkhardt/Weis (2007), S. 68.
196 Vgl. Hohl/Liebig (1999), S. 520.
197 Vgl. Hohl/Liebig (1999), S. 521.

Vertragspartner festgelegt werden. Dadurch können z.B. die Laufzeit, dass die Ausgleichszahlung auslösende Kreditereignis, aber auch die Höhe der Ausgleichszahlung nach den Wünschen der Kontrahenten flexibel festgelegt werden. Die Vertragsparteien können somit ihre jeweiligen „risiko-, ertrags- und bilanzpolitischen Bedürfnisse“[198] berücksichtigen und diese in den Kreditderivate-Vertrag mit einfließen lassen.

Grundsätzlich zeigen sich beim Einsatz der Kreditderivate die Vorteile einer flexiblen und effizienten Risikosteuerung von Kreditportfolios unter dem Gesichtspunkt der Risiko-Ertrags-Optimierung. Die Ausnutzung dieser Vorteile setzt voraus, dass die inhärenten Risiken der Kreditderivate-Produkte kontinuierlich beobachtet werden und nicht durch extreme Fehlbewertungen gekennzeichnet sind. Dieser Aspekt ist Gegenstand des folgenden Kapitels.

5.2. Risiken aus Kreditderivaten

Trotz der Vorteile, die Kreditderivate im Vergleich mit den traditionellen Risikotransferinstrumenten im Abbau bzw. im bewussten Eingehen von Risiken zur Portfoliooptimierung zeigen, ist deren Einsatz auch mit gewissen Risiken verbunden. Diese Risiken ergeben sich zum Teil aus dem in der Regel geringeren Informationsstand des Sicherungsgebers, der mangelnden Marktliquidität der OTC-Produkte, dem Kontrahentenausfallrisiko und Rechtsrisiken im Rahmen der Vertragsgestaltung sowie auch bankinternen Betriebsrisiken bezüglich der Abwicklung von Kreditderivaten. Das bewusste Eingehen dieser Risiken ist ökonomisch nur sinnvoll, wenn Erträge erzielt werden sollen und die Risiken im Verhältnis zu den Chancen zu vertreten sind.

5.2.1. Informationsasymmetrien zwischen den Vertragspartnern

Bei der Übernahme eines Kreditrisikos durch Abschluss eines Kreditderivatevertrages ist es für den Sicherungsgeber besonders wichtig, das Kreditrisiko genau einschätzen zu können. Denn die Höhe der Risikoprämie, wie auch die mögliche Risikoübernahme per se, hängen grundsätzlich von der Bewertung des abzusichernden Risikos ab. Sollte das

---

[198] Wald (2002), S. 41.

Kreditrisiko seitens des Sicherungsgebers als zu hoch eingeschätzt werden, kann sich dies in einer stark erhöhten Prämie, aber auch in einer Ablehnung der Risikoübernahme widerspiegeln. Die Bewertung des Kreditrisikos basiert dabei für den Sicherungsgeber in der Regel auf den öffentlich zugänglichen Informationen über das abzusichernde Referenzaktivum. In den Fällen, in denen es sich bei dem Referenzaktivum um einen Kredit bzw. Anleihe eines börsennotierten Unternehmens handelt, das in festen Abständen Geschäftsberichte veröffentlicht und über ein Rating einer anerkannten Ratingagentur verfügt, kann davon ausgegangen werden, dass der Informationsstand des Sicherungsgebers und der des Sicherungsnehmers weitestgehend gleich ist. Informationsvorsprünge auf Seiten des Sicherungsnehmers sind demzufolge gering und eine symmetrische Informationsverteilung liegt vor.[199] Hat eine Seite jedoch gegenüber der anderen wesentlich mehr Informationen über die wirtschaftliche Lage des Unternehmens und das damit verbundene Kreditrisiko, bedeutet dies eine Informationsasymmetrie zwischen den Vertragsparteien.[200] Informationsasymmetrien liegen besonders häufig dann vor, wenn es sich um kleine und mittlere Unternehmen handelt, die über kein Rating verfügen und der Sicherungsgeber nur wenige Informationen über das Unternehmen hat.[201] Zudem kann davon ausgegangen werden, dass z.B. eine Hausbank als Sicherungsnehmer aufgrund der engen Geschäftsbeziehung zum Schuldner über mehr Informationen über die Kreditwürdigkeit verfügt als der Sicherungsgeber.[202]

Letztlich bedeutet die geringe Transparenz der abzusichernden Kreditrisikoposition für den Sicherungsgeber nichts anderes, als die Gefahr, das Ausfallrisiko oder auch das Bonitätsänderungsrisiko falsch einzuschätzen und vom Sicherungsnehmer eine zu niedrige und nicht dem Risiko angemessene Prämie zu verlangen.

Zudem kann der Sicherungsnehmer gezielt versuchen, lediglich die ihm bekannten und als hoch eingestuften Kreditrisiken auf den Sicherungsgeber zu übertragen, wobei er das Ausfallrisiko gering darstellt, um eine niedrige Risikoprämie vertraglich durchsetzen zu können.[203] Da der Sicherungsgeber jedoch davon ausgehen muss, das Risiko für eine zu

[199] Vgl. Wald (2002), S.155 u. Burghof et al. (2000), S. 158.
[200] Vgl. Hull (2012), S. 689.
[201] Vgl. Rudolph et al. (2012), S. 30.
[202] Vgl. Hull (2012), S. 689.
[203] Vgl. Müller/Mauelshagen (2004), S. 97.

geringe Prämie abzusichern, wird er bei Geschäftsabschluss in der Regel zusätzlich zur Risikoprämie eine Misstrauensprämie einkalkulieren. Diese kann im Zweifel aber durch Offenlegung von Informationen (z. B. interne Ratings) seitens des Sicherungsnehmers reduziert werden. Der Abbau der Informationsasymmetrien ist somit auch seitens des Sicherungsnehmers von Interesse, da er durch eine Reduzierung der Misstrauensaufschläge von einer geringeren Risikoprämie profitieren kann.[204]

Neben möglichen Informationsasymmetrien vor Vertragsabschluss, können auch Gefahren nach Abschluss des Kreditderivates eintreten, die durch den Begriff Moral Hazard gekennzeichnet sind.[205] Hierbei handelt es sich um ein Verhaltensproblem des Sicherungsnehmers, welches sich darin äußert, dass dieser nach dem Abschluss des Kreditderivates seine Bemühungen reduziert, den Kredit (Kreditmonitoring)[206] zu überwachen, da er im Falle eines Kreditausfalls abgesichert ist. Dementsprechend wird der Sicherungsgeber eine Misstrauensprämie verlangen, um einer fahrlässigen Überwachung des Sicherungsnehmers entgegenzuwirken.[207]

5.2.2. Liquiditätsrisiko

Im Vergleich zum gesamten Derivate-Markt zeichnet sich der Markt der Kreditderivate durch eine geringe Liquidität aus, da dieser Markt von nur wenigen Hauptakteuren dominiert wird (s. Tab. 3, S.40). Das Liquiditätsrisiko ist somit beim OTC-Handel der Kreditderivate zu beachten. Bei der Betrachtung des Liquiditätsrisikos ist grundsätzlich zwischen dem marktinduzierten Liquiditätsrisiko und dem kontraktinduzierten Liquiditätsrisiko zu unterschieden.[208]

Das marktinduzierte Liquiditätsrisiko umfasst dabei die Gefahr, dass aufgrund geringer Marktliquidität eine „offene Position aus einem Kreditderivat [...] nicht oder nur zu schlechten Konditionen“[209] abgeschlossen werden kann. Das Risiko besteht somit darin,

---

[204] Vgl. Franke (2005), S. 315 f.
[205] Vgl. Rudolph et al. (2012), S. 32.
[206] Kreditmonitoring bezeichnet die Kreditüberwachung und Kreditprüfung des Schuldners, die mit einem entsprechenden Kostenaufwand verbunden ist. Vgl. Wagner (2008), S. 67.
[207] Vgl. Franke (2005), S. 317.
[208] Vgl. Offermann (2001), S. 201 f.
[209] Becker/Wolf (1999), S. 620.

dass der Sicherungsgeber das von ihm abgesicherte Kreditrisiko nicht an einen Dritten weiterreichen kann, da sich keine Vertragspartner zum Geschäftsabschluss finden lassen oder ein solches mit zu hohen Kosten verbunden wäre.[210] Um das Liquiditätsrisiko zu reduzieren sind eine zunehmende Standardisierung der Kreditderivate-Verträge und eine konkrete Dokumentation unerlässlich, da sie die grundlegenden Voraussetzungen für eine verbesserte Marktliquidität im Kreditderivate-Handel bilden.[211]

Das kontraktinduzierte Liquiditätsrisiko hingegen beschreibt das Risiko, dass der Sicherungsgeber seinen im Vertrag festgelegten Zahlungsverpflichtungen nach Eintritt des Kreditereignisses aufgrund fehlender Liquidität nicht mehr nachkommen kann. Da der Zeitpunkt[212] eines Kreditereignisses jedoch nur schwer abzuschätzen ist, kann die Zahlungsverpflichtung auch nur mäßig in der Liquiditätsplanung berücksichtigt werden. Für den Sicherungsgeber bedeutet dies, dass er gezwungen sein könnte, temporär und zu ungünstigen Konditionen finanzielle Mittel am Geldmarkt zu organisieren, um seine Vertragsverpflichtungen erfüllen zu können.[213]

5.2.3. Rechtsrisiko

Gegenstand des Rechtsrisikos ist die Gefahr, dass verschiedene Vertragsansprüche des Sicherungsnehmers aufgrund ungenauer Formulierungen oder fehlender Vereinbarungen rechtlich nicht durchgesetzt werden können.[214] Das diesem Risiko zugrundeliegende Hauptproblem kann in der zum Teil noch unvollständigen Standardisierung für die verschiedenen Kreditderivate-Kontrakte gesehen werden. Zwar entwarf die ISDA bereits 1999 für den CDS eine Art standardisierten Vertragstext (Sample Form of Credit Derivative Confirmation), der in endgültiger Form 2003 als ISDA Credit Derivatives Definitions veröffentlicht wurde (in Verbindung mit dem ISDA Master Agreement von 2002), jedoch sind diese Standardvereinbarungen an die Besonderheiten des amerikanischen Finanzmarktes angepasst. Trotzdem dienen die entwickelten ISDA-Rahmenverträge für den CDS allgemein als Orientierung und werden im globalen

[210] Vgl. Becker/Wolf (1999), S. 620.
[211] Vgl. Intercontinental Exchange (2010), S. 8.
[212] Ebenso wie der Zeitpunkt eines Kreditereignisses, kann auch die Höhe der Ausgleichszahlung ungewiss sein.
[213] Vgl. Becker/Wolf (2005), S. 417.
[214] Vgl. Becker/Wolf (1999), S. 619.

Finanzmarkt als Vertragsgrundlage verwendet.[215] Individuelle Vertragsvereinbarungen oder Abweichungen sind dabei ebenso denkbar wie zusätzliche Vertragsklauseln, die über diese Rahmenverträge hinausgehen.

Da die Rahmenverträge lediglich als Orientierung dienen, besteht die Gefahr, dass Vertragsvereinbarungen vergessen werden oder nur unzulänglich formuliert werden. Für den Sicherungsnehmer ist es somit wichtig zu prüfen, ob das Kreditrisiko durch den abgeschlossenen Vertrag auch rechtswirksam auf den Sicherungsgeber übertragen wird und die Vertragsvereinbarungen präzise definiert sind. Ist dies nicht eindeutig geregelt, besteht das Risiko, dass der Sicherungsgeber im Schadensfall das Kreditereignis nicht anerkennt und die Ausgleichszahlung verweigert. Für den Sicherungsnehmer bedeutet dies, dass er im Zweifel rechtliche Schritte gegen seinen Vertragspartner einleiten muss, um seine Ansprüche durchsetzen zu können.[216]

Das Rechtsrisiko und die Gefahr von Verlusten aufgrund von nicht eindeutigen Vertragsgestaltungen und daraus folgenden schwierigen Rechtsprozessen, kann auch als Bestandteil des im folgenden Kapitel beschriebenen Betriebsrisikos angesehen werden.[217]

5.2.4. Betriebsrisiko

Unter dem Betriebsrisiko, welches auch als operationelles Risiko bezeichnet werden kann[218], versteht man „die Gefahr von [...] Verlusten, die infolge der Unangemessenheit oder des Versagens von internen Verfahren, Menschen und Systemen oder von externen Ereignissen eintreten“[219]. Zu den Betriebsrisiken zählen dementsprechend solche Ereignisse, die bei der bankinternen Abwicklung der Kreditderivate zu Verlusten oder einer Störung des Ablaufes bei der Durchführung führen können. Hierbei kann es sich um Ausfälle und Störungen des EDV-Systems oder auch um organisatorische Missstände handeln. Haben mehrere Abteilungen innerhalb einer Bank (z.B. Portfoliomanagement

[215] Vgl. Becker/Wolf (2005), S. 416.
[216] Vgl. Becker/Wolf (1999), S. 615.
[217] Vgl. Baseler Ausschuss für Bankenaufsicht (2003), S. 2.
[218] Vgl. Auer (2008), S. 14.
[219] Baseler Ausschuss für Bankenaufsicht (2003), S. 2.

und Kreditbereich) die Möglichkeit mit Kreditderivaten zu handeln und findet keine zentrale Zusammenführung der Daten über Abwicklung und Überwachung statt, so hat die Bank keinen vollständigen Überblick über ihre Kreditpositionen und Vertragspartner. Eine unvollständige Dokumentation der Kreditderivate-Verträge oder der Bestandsverzeichnisse und ein unzureichendes Prozessmanagement können ebenfalls zu operationellen Verlusten führen, da Kreditereignisse im Zweifel unbemerkt bleiben und der Eingang der Ausgleichszahlungen folglich nicht kontrolliert wird.[220]

Daneben besteht noch eine Vielzahl weiterer Ereignisse wie zum Beispiel externe oder interne betrügerische Manipulationen und Sachvermögensschäden aufgrund von Naturkatastrophen, die zu den Betriebsrisiken gezählt werden.[221]

5.2.5. Kontrahentenausfallrisiko

Kreditrisiken können durch den Einsatz von Kreditderivaten auf Dritte übertragen und abgesichert werden. Mit Abschluss eines OTC-Vertrages gehen die Vertragsparteien jedoch auch das Risiko ein, dass ihr Vertragspartner (Kontrahent) ausfällt und somit den vertraglichen Verpflichtungen nicht mehr nachkommen kann. Diese Gefahr wird als Kontrahentenausfallrisiko (Counterparty Risk) bezeichnet.[222] Je nach Kreditderivate-Typ kann sowohl der Sicherungsnehmer als auch der Sicherungsgeber dem Kontrahentenausfallrisiko ausgesetzt sein.

Für die Vertragspartei, die als Sicherungsnehmer Kreditrisikopositionen abgesichert hat, bedeutet der Ausfall ihres Vertragspartners, dass ihre Kreditposition nicht länger abgesichert ist und dass die vertraglich vereinbarten Ausgleichszahlungen des Kontrahenten als Sicherungsgeber nur verzögert, teilweise oder im Zweifelsfall überhaupt nicht erfolgen können. Das Kontrahentenausfallrisiko ist vor allem bei den dominierenden CDS von Bedeutung, da es bei einem Kreditereignis für den Sicherungsnehmer den kompletten Verlust der Ausgleichzahlung beinhalten kann. Bei einer CSO und einem TRS ist der mögliche Verlust vom Marktwert der Option bzw. der Marktentwicklung

[220] Vgl. Becker/Wolf (2005), S. 417 ff.
[221] Vgl. Baseler Ausschuss für Bankenaufsicht (2003), S. 2.
[222] Vgl. European Central Bank (2009), S. 20.

abhängig. Bei der CLN dagegen entfällt aufgrund der Emissionserlöse aus der Anleihe das Kontrahentenausfallrisiko für den Sicherungsnehmer. Der Sicherungsgeber hingegen trägt bei der CLN zusätzlich zum Ausfallrisiko des Referenzaktivums auch das Verlustrisiko bis zum Nominalbetrag der Anleihe bei Ausfall des Sicherungsnehmers, da die vertraglich vereinbarten Zahlungsströme ausbleiben. Abb. 16 gibt eine Übersicht über das Kontrahentenausfallrisiko bei den gebräuchlichsten Kreditderivate-Typen.[223]

Kreditderivate	**Kontrahentenausfallrisiko**	
	für Sicherungsnehmer	für Sicherungsgeber
CDS	ja	nein
CSO	ja	nein
TRS	ja	ja
CLN	nein	ja

Tab. 4: Kontrahentenausfallrisiko bei den gebräuchlichsten Kreditderivaten[224]

Auch bei Varianten der synthetischen CDOs entfällt durch die Emissionserlöse aus den Anleihen das Kontrahentenausfallrisiko für den Sicherungsnehmer vollständig („fully funded“ CDO) oder teilweise („partially funded“ CDO).

Die beträchtliche Gefahr des Kontrahentenausfallrisikos im OTC-Handel von Kreditderivaten lässt sich durch die Einrichtung einer zentralen Gegenpartei reduzieren.[225] Eine zentrale Gegenpartei (Central Clearing Counterparty) steht dabei zwischen den beiden Kontrahenten des Kreditderivate-Vertrages. Als Clearingstelle wird sie „gegenüber jedem Verkäufer zum Käufer und gegenüber jedem Käufer zum Verkäufer und sichert somit die künftige Erfüllung offener Kontrakte“[226]. Um den Handel über eine Clearingstelle abwickeln zu können, müssen die Vertragsparteien verschiedene Kriterien erfüllen. So müssen sie bspw. eine bestimmte Portfolio-Größe aufweisen und ein Mindest-Rating besitzen (Vertragsparteien werden Clearing-Mitglieder der Clearingstelle).

[223] Vgl. Oehler/Unser (2001), S. 378.
[224] Darstellung in Anlehnung an Oehler/Unser (2001), S. 386.
[225] Vgl. Rudolph et al. (2012), S. 188.
[226] Vgl. Baseler Ausschuss für Bankenaufsicht (2012), S. 1.

Darüber hinaus sind sie zur Hinterlegung von Sicherheiten und Einzahlung in einen Ausfallfonds verpflichtet, wodurch sichergestellt wird, dass die Kontrahentenausfallrisiken entsprechend über die Clearingstelle besichert sind.[227]

Das Kontrahentenausfallrisiko ist aufgrund der Erfahrungen aus der globalen Finanzkrise 2008 von zentraler Bedeutung im OTC-Handel. Im Regelwerk Basel III kommt dies durch die Einführung einer zusätzlichen bankaufsichtlichen Kapitalunterlegung „für das Risiko einer Bonitätsänderung der Gegenpartei [...] bei nicht über einen zentralen Kontrahenten [...] abgewickelten OTC-Derivaten“ [228] zum Ausdruck. Bei der Nutzung des Eigenkapitals für Kreditderivate-Geschäfte ohne Einbeziehung einer Clearingstelle ist somit zukünftig dieses Risiko mit einzubeziehen, wodurch das zur Verfügung stehende freie Risikokapital der Bank eingeschränkt wird.

[227] Vgl. LCH.Clearnet (2012), o.S.
[228] Deutsche Bundesbank (2011), S. 23.

6. Fazit und Ausblick

Nach der rasanten Entwicklung des Kreditderivate-Marktes innerhalb der letzten zehn Jahre stellen die Kreditderivate heutzutage wichtige Instrumente zur aktiven Risikosteuerung von Kreditportfolios dar. Nach dem extrem starken Anstieg bis zur Subprime-Krise 2007 bewegten sich die gehandelten Nominalwerte seit 2010 auf einem zwar reduzierten aber dennoch relativ hohem Niveau von 30.000 Mrd. USD. Der OTC-Markt wird hierbei auch weiterhin durch wenige, globale Geschäfts- und Investmentbanken bestimmt.

Die Absicherung gegen Zahlungsausfälle durch eine Trennung des Kreditrisikos von der zugrunde liegenden Kreditposition führte zu den verschiedensten Ausprägungsformen der Kreditderivate, wobei insbesondere in Kombination mit Anleihe-Emissionen über Zweckgesellschaften zum Teil extrem komplexe Risikotransferprodukte geschaffen wurden. Weiterhin sind jedoch die Single-Name und Multi-Name CDS-Varianten die populärsten Kreditderivate mit einem dominierenden Marktanteil von über 90%. Dies liegt sowohl an deren einfachem Aufbau als auch an der weitreichenden Standardisierung durch die ISDA.

Im Gegensatz zu den traditionellen Kreditrisikotransferinstrumenten, die relativ aufwendig und kostenintensiv sind, zeichnen sich die Kreditderivate als effiziente und flexible Instrumente zur Risikosteuerung aus und ermöglichen ein dynamisches Management der Kreditportfolios. Die in der Arbeit aufgezeigten Vorteile einer aktiven Risikosteuerung liegen generell in einer verbesserten Diversifikation des Kreditportfolios hinsichtlich der regionalen oder branchenmäßigen Zusammensetzung, verbunden mit einer Ausweitung der Kreditvergabe und einer Optimierung der Ertragssituation. Der Verkauf von Kreditrisiken reduziert Unsicherheiten in der Bewertung der Bonitäts- und Ausfallrisiken im Portfolio und der bewusste Kauf kann durch den Cash Flow aus Prämien und Gebühren eine zusätzliche Erlösquelle bilden.

Dem Einsatz von Kreditderivaten stehen jedoch auch gewisse Risiken gegenüber. Aufgrund der Erfahrungen aus der Subprime-Krise und der damit verbundenen Markt-turbulenzen und den Zusammenbrüchen bedeutender Investmentbanken, ist vor allem das Kontrahentenausfallrisiko in den Fokus der Betrachtung gerückt, welches durch eine stärkere Kontrolle des Kreditderivate-Handels durch Regulierungsbehörden und die verstärkte Etablierung von Central Counterparties reduziert werden soll. Dies zeigt sich auch in den erweiterten Bestimmungen des neuen Regelwerkes Basel III, in welchem z.B. eine zusätzliche Eigenkapitalunterlegung für den OTC-Handel ohne Central Counterparties gefordert wird oder in der am 1. November 2012 in Kraft getretenen EU-Leerverkaufsverordnung, welche es verbietet CDS-Kreditderivate auf öffentliche Schuldtitel abzuschließen, wenn sie nicht zur Absicherung des Ausfallrisikos dienen.[229]

Die Bemühungen das ungeregelte Spekulationsgeschäft mit Leerverkäufen zu reduzieren und den OTC-Handel von Kreditderivaten über Central Counterparties zu fördern, kann dazu beitragen den Kreditderivate-Markt sinnvoll weiter zu entwickeln. Grundsätzlich sind Kreditderivate nicht nur für den speziellen Einzelfall, sondern auch unter allgemeinen ökonomischen Gesichtspunkten sinnvolle Finanzprodukte für den Kreditrisikotransfer und bilden per se keine „Financial Weapons of Mass Destruction", wie sie einst von Warren Buffet bezeichnet wurden.

Die zunehmende Regulierung des Kreditderivate-Marktes bedeutet für die Banken eine Anpassung ihrer Handelssysteme und zusätzliche Kosten, die sich zwangsläufig auf die Transferkosten des Kreditderivate-Handels niederschlagen werden. Trotz dieses Mehraufwandes durch das regulatorische Umfeld kann davon ausgegangen werden, dass das zurzeit stagnierende Nominalvolumen auf dem Kreditderivatemarkt bei einer Verbesserung des ökonomischen Umfeldes wieder wachsen und es zu einer Verbreiterung der Marktteilnehmer und damit zu einer verbesserten Marktliquidität und Markttransparenz kommen wird.

---

[229] Vgl. EU-LeerverkaufsVO (2012), Artikel 12 ff., S.3 ff.

Literaturverzeichnis

Anson, Mark J.P. / Fabozzi, Frank. J. / Choudhry, Moorad / Chen, Raw (2004):
Credit Derivatives: Instruments, Applications and Pricing, Hoboken 2004.

Auer, Michael (2008):
Operationelles Risikomanagement bei Finanzinstituten – Risiken identifizieren, analysieren und steuern, Weinheim 2008.

Bank for International Settlements (2007):
BIS Quarterly Review, Sept. 2007 – Statistical Annex – Table 19, Amounts outstanding of over the counter (OTC) derivates, abrufbar unter:
http://www.bis.org/publ/qtrpdf/r_qa0709.pdf, 12.11.2012.

Bank for International Settlements (2009):
BIS Quarterly Review, Dec. 2009 – Statistical Annex – Table 19, Amounts outstanding of over the counter (OTC) derivates, abrufbar unter:
http://www.bis.org/publ/qtrpdf/r_qa0912.pdf, 12.11.2012.

Bank for International Settlements (2012a):
BIS Quarterly Review, June 2012 – Statistical Annex – Table 19, Amounts outstanding of over the counter (OTC) derivates, abrufbar unter :
http://www.bis.org/publ/qtrpdf/r_qa1206.pdf, 12.11.2012.

Bank for International Settlements (2012b):
Detailed tables on semiannual OTC derivatives statistics at end-December 2011, May 2012 – Credit Default Swaps, Amounts outstanding at end December 2011, abrufbar unter: http://www.bis.org/statistics/otcder/dt21.pdf, 14.11.2012.

Bantelon, Ulrich / Becker, Alexander (2010):
Risikomanagement und Frühwarnverfahren in Kreditinstituten, Berlin 2010.

Baseler Ausschuss für Bankenaufsicht (2003):
Management operationeller Risiken – Praxisempfehlungen für Banken und Bankenaufsicht, Basler Ausschuss für Bankenaufsicht, Basel 2003.

Baseler Ausschuss für Bankenaufsicht (2010):
Basel III: Ein globaler Regulierungsrahmen für widerstandsfähigere Banken und Bankensysteme, Basel 2010.

Baseler Ausschuss für Bankenaufsicht (2012):
Eigenkapitalunterlegung von Bankforderungen gegenüber zentralen Gegenparteien, Basel 2012.

Baxmann, Ulf G. (2009):
„Nach dem Risiko ist vor dem Risiko" – Risikomanagement als permanente Herausforderung für die Kreditwirtschaft, in: Risikomanagement der Kreditwirtschaft, 9. Norddeutscher Bankentag, Bankseminar Lüneburg, hrsg. von Baxmann, U. G., 1. Aufl. ,Frankfurt a. M. 2009, S. 1-24.

Becker, Axel / Wolf, Martin (1999):
Revision von Kreditderivaten, in: Handbuch Kreditrisikomodelle und Kreditderivate, hrsg. von Eller, R / Gruber, W. / Reif, M., 1. Aufl., Stuttgart 1999, S. 593-644.

Becker, Axel / Wolf, Martin (2005):
Die Bedeutung von Kreditderivaten für die innere Revision in Kreditinstituten, in: Praktiker-Handbuch Asset-Backed-Securities und Kreditderivate, hrsg. von Gruber, J. / Gruber, W. / Braun, H. Stuttgart 2005, S. 397-428.

Beike, Rolf / Barckow, Andreas (2002):
Risk-Management mit Finanzderivaten: Steuerung von Zins- und Währungsrisiken. 3.Aufl. , Oldenburg 2002.

Bluhm, Christian / Overbeck, Ludger / Wagner, Christoph (2002):
An Introduction to Credit Risk Modeling, London 2003.

Bluhm, Christian / Gössl, Christoff (2004):
Der Einsatz von Collateralized Debt Obligations (CDOs) im Kreditportfoliomanagement, in: Risikomanagement. Aktuelle Entwicklungen und Auswirkungen auf Banken und Unternehmen, hrsg. von Suyter, A., Frankfurt a. M. 2004, S. 56-77.

Bowler, Troy / Tierney John F. (1999):
Credit Derivatives and Structured Credit – A Survey of Products, Applications and Market Issues, Deutsche Bank Global Markets Research, London 1999.

Böhm-Dries, Anne / Kruse, Susanne (2008):
Kreditderivate, in: WISU – Das Wirtschaftsstudium, 37. Jg. (2008), S. 854-859.

British Bankers' Association (2006):
BBA Credit Derivatives Report 2006, London 2006.

Bundesanstalt für Finanzdienstleistungsaufsicht (1999):
Behandlung von Kreditderivaten im Grundsatz I gemäß §§ 10, 10a KWG und im Rahmen der Großkredit- und Millionenkreditvorschriften. Rundschreiben10/1999 (16. Juni 1999), Bonn, Frankfurt a. M. 1999, abrufbar unter: http://www.bafin.de/SharedDocs/Veroeffentlichungen/DE/Rundschreiben/rs_9910_ba.html, 13.12.2012.

Burghof, Hans-Peter / Henke, Sabine / Rudolph, Bernd (2000):
Die bankaufsichtliche Behandlung von Kreditderivaten im Lichte eines aktiven Kreditportfoliomanagements, in: Kreditrisikomanagement. Portfoliomodelle und Derivate, hrsg. von Oehlers, A., Stuttgart 2000, S.151-177.

Burghof, Hans-Peter / Henke, Sabine (2005a):
Alternative Produkte des Kreditrisikomanagement, in: Kreditderivate – Handbuch für die Bank- und Anlagepraxis, hrsg. von Burghof, H.-P. et al., 2. Aufl., Stuttgart 2005, S. 105-120.

Burghof, Hans-Peter / Henke, Sabine (2005b):
Entwicklungslinien des Marktes für Kreditderivate, in: Kreditderivate – Handbuch für die Bank- und Anlagepraxis, hrsg. von Burghof, H.-P. et al., 2. Aufl., Stuttgart 2005, S. 31-54.

Burkhardt, Katja / Weis, Juliane (2007):
Kreditrisikomanagement mit Kreditderivaten in Banken und dessen bilanzielle Abbildung nach den IFRS, in: Zeitschrift für Controlling und Management, Sonderheft 1, hrsg. von Hachmeister, D, Wiesbaden 2007, S. 64-74.

Büschgen, Hans E. (1999):
Grundlagen des Bankmanagements, Frankfurt a. M. 1999.

Cremers, Heinz / Walzer, Jens (2007):
Risikosteuerung mit Kreditderivaten unter besonderer Berücksichtigung von Credit Default Swaps. Frankfurt School – Working Paper Series No. 80, Frankfurt a. M. 2007.

Deutsche Bundesbank (1997):
Asset Backed Securities in Deutschland: Die Veräußerung und Verbriefung von Kreditforderungen durch deutsche Kreditinstitute, in: Monatsbericht, 49. Jg. (1997), Nr. 7, S. 57-67.

Deutsche Bundesbank (2010):
Entwicklung, Aussagekraft und Regulierung des Marktes für Kreditausfall-Swaps, in: Monatsbericht, 62. Jg. (2010), Nr.12, S.47-64.

Deutsche Bundesbank (2011):
Basel IIII – Leitfaden zu den neuen Eigenkapital und Liquiditätsregeln für Banken, Frankfurt a. M. 2011.

Deutsche Bundesbank (2012):
Deutsche Bundesbank-Service, Glossar, abrufbar unter:
http://www.bundesbank.de/Navigation/DE/Service/Glossar/Functions/glossar.html?lv2=32038&lv3=62140, 27.11.2012.

EU-LeerverkaufsVO (2012):
Verordnung(EU) Nr. 236/2012 des Europäischen Parlamente und des Rates vom 14. März 2012 über Leerverkäufe und bestimmte Aspekte von Credit Default Swaps, Amtsblatt der Europäischen Union L 86/1, S. 1-24, 14.12.2012, abrufbar unter: http://eur-lex.europa.eu/LexUriServ/LexUriServ.do?uri=OJ:L2012:086:0001:0024:de:PDF.

European Central Bank (2009):
Credit Default Swaps and Counterparty Risk, Frankfurt a. M., 2009.

Franke, Günter (2005):
Risikomanagement mit Kreditderivaten, in: Kreditderivate – Handbuch für die Bank- und Anlagepraxis, hrsg. von Burghof, H.-P. et al., 2. Aufl., Stuttgart 2005, S. 309-329.

Feldbusch, Friedrich K. (1991):
Das Bankgeschäft von A-Z, Frankfurt a. M. 1991.

Gaumert, Uwe / Götz, Stefan / Ortiges, Jörg (2011):
Basel III – Eine kritische Würdigung, in: Die Bank, 51. Jg. (2011), Nr. 5, S. 54-60.

Hölscher, Reinhold (2001):
Kreditarten, in: Handwörterbuch des Bank- und Finanzwesens, hrsg. von Gerke, W. / Steiner, M., 3. Aufl ., Stuttgart 2001, S 1372-1386.

Hohl, Stefan / Liebig, Thilo (1999):
Kreditderivate – Ein Überblick, in: Handbuch Kreditrisikomodelle und Kreditderivate, hrsg. von Eller, R. / Gruber,W. / Reif, M., Stuttgart 1999, S. 499-525.

Hörschgen, Hans (1992):
Grundbegriffe der Betriebswirtschaftslehre, 3. Aufl., Suttgart 1992.

Hull, John C. (2011):
Risikomanagement – Banken, Versicherungen und andere Finanzinstitutionen, München 2011.

Hull, John C. (2012):
Optionen, Futures und andere Derivate, München 2012.

Hüttemann, Petra (1999):
Kreditderivate im europäischen Kapitalmarkt, Wiesbaden 1999.

Intercontinental Exchange (2010):
Global Credit Derivatives Markets Overview: Evolution, Standardization and Clearing, abrufbar unter: https://www.theice.com/publicdocs/ice_trust/ICE_CDS_White_Paper.pdf, 26.11.2012.

International Swaps and Derivatives Association (2003):
2003 ISDA Credit Derivatives Definitions, EXHIBIT A to 2003 ISDA Credit Derivatives Definitions.

International Swaps and Derivatives Association (2010):
ISDA Market Survey 2010, Historical Data (1987-present), abrufbar unter: http://www.isda.org/statistics/pdf/isda-market-survey-historical-data.pdf, 24.11.2012.

J.P. Morgan (1999):
The J.P. Morgan Guide to Credit Derivatives, Risk Metric Group, New York, London 1999.

J.P. Morgan (2006):
Credit Derivatives Handbook – Detailing credit default swap products, markets and trading strategies, Corporate Quantitive Research, New York, London 2006.

Kreditwesengesetzt (2011):
Gesetzt über das Kreditwesen, in: Bankrecht, hrsg. Häuser, F., München 2011, S. 109-308.

Kretschmer, Joachim (1999):
Credit Risk – Ein Portfolioorientiertes Kreditrisikomodel, in: Handbuch Kreditrisikomodelle und Kreditderivate, hrsg. von Eller, R / Gruber, W. / Reif, Markus, 1. Aufl., Stuttgart 1999, S. 359-384.

Kothari, Vinod (2009):
Credit Derivatives and Structured Credit Trading, Hoboken 2009.

Landry, Sophie / Radeke, Oliver (1999):
Kreditderivate in der Praxis, in: Handbuch Kreditrisikomodelle und Kreditderivate. hrsg. von Eller, R / Gruber, W. / Reif, Markus, 1. Aufl., Stuttgart 1999, S. 527-574.

Lause, Syvila (2005):
Einfache und exotische Strukturen von Kreditderivaten, in: Praktiker-Handbuch Asset-Backed-Securities und Kreditderivate, hrsg. von Gruber, J. / Gruber, W. / Braun, H., Stuttgart 2005, S. 19-59.

LCH.Clearnet (2012):
SwapClear – Becoming a Member, abrufbar unter: http://www.swapclear.com/service/becoming-a-member.html, 19.12.2012.

Markus, Heinrich (2005):
Kreditderivate, in: Handbuch derivativer Instrumente – Produkte, Strategien und Risikomanagement, hrsg. von Eller, R./ Heinrich, M./ Perrot, René/ Reif, Markus, 3. Aufl., Stuttgart: 2005, S. 33-62.

Martin, Markus R.W. / Reitz, Stefan / Wehn , Carsten S. (2006):
Kreditderivate und Kreditrisikomodelle, Wiesbaden 2006.

Meissner, Günter (2005):
Credit Derivates – Application, Pricing, and Risk Management, Malden 2005.

Merz, Albrecht (2001):
Kreditderivate als innovatives Instrument zur Steuerung der Kreditrisiken, in: Kreditrisikomanagement im Bankwesen, 5. Kreditwirtschaftliches Kontaktforum. Bankseminar Lüneburg, hrsg. von Baxmann, Ulf. G.,1. Aufl., Frankfurt a. M. 2001, S. 105-134.

Müller, Bernd R. / Mauelshagen, Melanie (2004):
Effiziente Risikosteuerung mit Hilfe von Kreditderivaten, in: Sparkasse, 121. Jg. (2004), Nr. 2, S.94-98.

Neske, Christian (2005):
Grundformen von Kreditderivaten, in: Kreditderivate – Handbuch für die Bank- und Anlagepraxis, hrsg. von Burghof, H.-P. et al., 2. Aufl., Stuttgart 2005, S. 55-69.

Niethen, Susanne / Wahrenburg, Mark (2005):
Kreditrisikomodelle und der Einsatz von Kreditderivaten, in: Handbuch für die Bank- und Anlagepraxis, hrsg. von Burghof, H.-P. et al., 2. Aufl., Stuttgart 2005, S. 463-484.

Nonnenmacher, Dirk J. / Brasch, Hans-Jürgen (2001):
Kreditderivate, in: Handwörterbuch des Bank- und Finanzwesens, hrsg. von Gerke, Wolfgang / Steiner, Manfred, 3.Aufl., Stuttgart 2001, S.1385-1400.

Oehler, Andreas / Unser, Matthias (2001):
Finanzwirtschaftliches Risikomanagement, Berlin 2001.

Office of the Comptroller of the Currency (2012):
OCC's Quarterly Report on Bank Trading and Derivatives Activities – Second Quarter 2012, abrufbar unter: http://www.occ.gov/topics/capital-markets/financial-markets/trading/derivatives/dq212.pdf, 18.11.2012.

Offermann, Carsten (2001):
Kreditderivate – Implikationen für das Kreditportfoliomanagement von Banken. Band 2 der Reihe: Finanzierung, Kapitalmarkt und Banken, hrsg. von Locarek-Junge, Hermann / Röder, Klaus / Wahrenburg, Mark, Köln 2001.

O´Kane, Dominic et al. (2003):
The Lehman Brothers Guide to Exotic Credit Derivatives, Risk Water Group Magazine, London 2003.

o.V. (2012):
JP Morgan erschüttert die Wall Street, in: Online-Ausgabe Financial Times Deutschland vom 11.05.2012, abrufbar unter:
http://www.ftd.de/finanzen/maerkte/:absturz-der-bankaktien-jp-morgan-erschuettert-die-wall-street/70035517.html, 16.12.2012.

Pawley, Mike (2004):
Credit Derivatives – Global Market Trainings, Deutsche Bank Global Markets, London 2004.

Posthaus, Achim (2005):
Exotische Kreditderivate, in: Kreditderivate – Handbuch für die Bank- und Anlagepraxis, hrsg. von Burghof, H.-P. et al., 2. Aufl., Stuttgart 2005, S. 71-86.

Rehnert, Heike (1999):
Kreditrisikocontrolling in Sparkassen – Mosaikstein der Gesamtbanksteuerung, in: Handbuch Kreditrisikomodelle und Kreditderivate, hrsg. von Eller, R./ Gruber, Walter/ Reif, Markus, Stuttgart 1999, S.385-422.

Rudolph, Bernd (1995):
Derivate Finanzmarktinstrumente: Entwicklung, Risikomanagement und bankaufsichtsrechtliche Regulierung, in: Derivate Finanzinstrumente, hrsg. von Rudolph, B., Stuttgart 1995, S. 3-41.

Rudolph, Bernd / Schäfer, Klaus (2010):
Derivate Finanzmarktinstrumente – Eine anwendungsbezogene Einführung in Märkte, Strategien und Bewertung. 2. Aufl., Berlin Heidelberg 2010

Rudolph, Bernd / Hofmann, Bernd / Schaber, Albert / Schäfer, Klaus (2012):
Kreditrisikotransfer – Moderne Instrumente und Methoden. 2. Aufl., Berlin Heidelberg 2012.

Schlösser, Anna (2011):
Pricing and Riskmanagement of Synthetic CDOs, Berlin Heidelberg 2011.

Schulte, Michael / Horsch, Andreas (2004):
Wertorientierte Banksteuerung II – Risikomanagement, 3 Aufl., Frankfurt a. M. 2004.

Staub, Christian (2009):
Instrumente des Kreditrisikotransfers im schweizerischen Bankenaufsichtsrecht, in: Schweizerischen Zeitschrift für Wirtschafts- und Finanzmarktrecht, 81. Jg. (2009), S.323-338.

Struffert, Ralf (2006):
Asset Backed Securities-Transaktionen und Kreditderivate nach IFRS und HGB, Wiesbaden 2006.

Totzek, Alfred (1999):
Integriertes Kreditcontrolling (Nichthandel) zur Früherkennung von Risiken, in: Handbuch Kreditrisikomodelle und Kreditderivate, hrsg. von Eller, R./ Gruber, W./Reif, Stuttgart 1999, S.313-336.

Wolke, Thomas (2008):
Risikomanagement, 2. Aufl. München 2008.

Wagner, Eva (2008):
Credit Default Swaps und Informationsgehalt, Wiesbaden 2008.

Wald, Matthias (2002):
Kreditderivate und ein modernes Kreditportfoliomanagement – Innovationspotential und Anwendungsbarrieren. Diss. Uni. Mannheim (veröffentl.), Mannheim 2002.

Weistroffer, Christian (2010):
Credit Default Swaps – Auf dem Weg zu einem robusteren System. Deutsche Bank Research, Aktuelle Themen Nr. 477, Frankfurt a. M. 2010.

Winkel, Martin (2004):
Kreditderivate, in: WiSt – Wirtschaftswissenschaftliches Studium, 33. Jg. (2004),S. 551-553.